"十三五"国家重点图书出版规划项目

城市安全风险管理丛书

编委会主任：王德学　　总主编：钟志华　　执行总主编：孙建平

城市风险中的保险重塑
Reshaping of Insurance in Urban Risks

顾越 著

图书在版编目(CIP)数据

城市风险中的保险重塑 / 顾越著. —上海:同济大学出版社,2021.12（2022.11重印）
（城市安全风险管理丛书 / 钟志华总主编）
"十三五"国家重点图书出版规划项目
ISBN 978-7-5765-0111-7

Ⅰ.①城… Ⅱ.①顾… Ⅲ.①城市—灾害保险—研究—中国 Ⅳ.①F842.64

中国版本图书馆 CIP 数据核字(2021)第 277090 号

"十三五"国家重点图书出版规划项目
国家出版基金资助
上海市促进文化创意产业发展财政扶持资金资助
城市安全风险管理丛书

城市风险中的保险重塑
Reshaping of Insurance in Urban Risks

顾 越 著

策划编辑： 高晓辉 吕 炜 马继兰
责任编辑： 吕 炜 宋 立
责任校对： 徐春莲
封面设计： 唐思雯

出版发行	同济大学出版社 www.tongjipress.com.cn	
	(地址:上海市四平路1239号 邮编:200092 电话:021-65985622)	
经 销	全国各地新华书店、建筑书店、网络书店	
排版制作	南京文脉图文设计制作有限公司	
印 刷	上海安枫印务有限公司	
开 本	787mm×1092mm 1/16	
印 张	8.25	
字 数	206 000	
版 次	2021年12月第1版	
印 次	2022年11月第4次印刷	
书 号	ISBN 978-7-5765-0111-7	
定 价	48.00元	

版权所有 侵权必究 印装问题 负责调换

内容简介

　　伴随着我国社会经济的发展,城市也快速发展,范围从小到大,功能从简单到复杂。而与此同时,自然灾害、事故灾难、公共卫生事件、社会安全事件等城市问题对城市运行安全造成了威胁。正如城市化发展是一个渐进的过程,城市风险管理,无论是认识还是实践,同样也经历了一个过程。

　　长期以来,保险业在城市风险补偿方面做出了巨大贡献。然而随着城市日益发展,城市风险也呈现出许多不同以往的新特点,如何从思想观念、全过程风险管理的角度管控风险以降低社会损失,应当成为城市管理者、保险业界需要认真面对和思考的新问题。本书将保险在城市风险管理中的应用进行了归纳总结,旨在阐述城市风险中的保险重塑——由外化为工具向内化为机制的转变。这是城市风险中保险重塑的内核,也是我们在新冠肺炎疫情所给予的反思与启迪中观察到的保险行业为适应变化而做出改变的发展趋势。

　　本书结合中国太平洋财产保险股份有限公司近年来的一些创新产品和创新案例,对其具体的做法进行了说明和介绍。本书是城市决策者、管理者及相关技术人员在风险管控领域的必备读物。

作者简介

顾越

现任太保产险公司党委书记、董事长,太保香港公司董事长,太保资管公司董事,日内瓦协会三位中国会员之一。

曾任中国太平洋保险公司苏州分公司及南京分公司总经理,太保寿险公司监事长、董事,太保资产公司监事长,太保安联健康险公司董事,太保集团公司董事会秘书、审计总监、副总裁、常务副总裁等。

曾当选"2015沪上金融领袖""2015中国保险年度人物""2017胡润中国新金融行业年度风云人物""2020上海市抗击新冠疫情先进个人""2022中国保险白象榜年度卓越董事长"。

"城市安全风险管理丛书"编委会

编委会主任　王德学

总　主　编　钟志华

编委会副主任　徐祖远　周延礼　李逸平　方守恩　沈　骏　李东序
　　　　　　　陈兰华　吴慧娟　王晋中

执行总主编　孙建平

编委会成员　（按姓氏笔画排序）

于福林	马　骏	马坚泓	王文杰	王以中	王安石
白廷辉	乔延军	伍爱群	任纪善	刘　军	刘　坚
刘　斌	刘铁民	江小龙	李　垣	李　超	李伟民
李寿祥	杨　韬	杨引明	杨晓东	吴　兵	何品伟
张永刚	张燕平	陆文军	陈　辰	陈丽蓉	陈振林
武　浩	武景林	范　军	金福安	周　淮	周　嵘
单耀晓	胡芳亮	钟　杰	侯建设	秦宝华	顾　越
柴志坤	徐　斌	凌建明	高　欣	郭海鹏	涂辉招
黄　涛	崔明华	盖博华	鲍荣清	蔡义鸿	

总序

浩荡40载,悠悠城市梦。一部改革开放砥砺奋进的历史,一段中国波澜壮阔的城市化历程。40年时间,中国城镇化率从1978年的17.9%提高到2017年的58.52%,这一规模最大、速度最快的城市化进程在世界城市发展史中亦是浓墨重彩的一笔。

人口和其他资源在空间上集聚,就形成了城市。城市注定是一个庞大、开放的复杂运行系统,也注定在快速发展的同时,城市风险与城市化进程相伴相生。20世纪90年代以来,我国城市化进入快车道,人聚集到城市,土地快速城市化,大规模城市建设如火如荼,其中蕴含的风险以及城市应有的公共服务不足带来的各类安全问题引发关注。今天,大型、超大城市的数量依旧在不断增加,正加速形成的城市群、都市圈是带动中国经济快速增长和参与国际经济合作与竞争的主要平台。城市的超大规模、复杂程度决定了城市面临的挑战更大、风险日益集聚,一系列安全事故触目惊心。

党的十八大以后,城市化的重心不仅在土地,更加逐步向"人"转移,城市的美好生活内涵丰富,加快迈向更高质量、更可持续、更为安全的发展之路。党的十九大报告提出,要"坚持总体国家安全观"的基本方略,强调"统筹发展和安全,增强忧患意识,做到居安思危,是我们党治国理政的一个重大原则",要"更加自觉地防范各种风险,坚决战胜一切在政治、经济、文化、社会等领域和自然界出现的困难和挑战"。中共中央办公厅、国务院办公厅印发的《关于推进城市安全发展的意见》,明确了城市安全发展总目标的时间表:到2020年,城市安全发展取得明显进展,建成一批与全面建成小康社会目标相适应的安全发展示范城市;在深入推进示范创建的基础上,到2035年,城市安全发展体系更加完善,安全文明程度显著提升,建成与基本实现社会主义现代化相适应的安全发展城市。

我们的城市面临着从安全管理1.0向应急管理2.0乃至城市风险管理3.0的方向迈进的时代选择,有效防控城市中的安全风险已经成为城市发展的重要任务。

然而,受制于一直以来的习惯性思维,当前我国城市公共安全管理的重点还停留在发生事故的应急处置上,突出表现为"重应急、轻预防",导致对风险防控的重要性认识不足,没有从城市公共安全管理战略高度对城市风险防控进行统一谋划和系统化设计。

城市安全管理迫切需要由"强化安全生产管理和监督,有效遏制重特大安全事故,完善突发事件应急管理体制"向"健全公共安全体系,完善安全生产责任制,坚决遏制重特大安全事故,提升防灾减灾救灾能力"转变。

发现问题,直视挑战,需要探索、行动、积淀、提升。"城市安全风险管理丛书"(以下简称"丛书")结合城市安全管理应急救援与城市风险管理的具体实践,重点围绕城市运行中的传统和非传统风险等热点、痛点,对城市风险管理理论与实践进行系统化阐述,涉及城市风险管理的各个领域,涵盖城市建设、城市水资源、城市生态环境、城市地下空间、城市社会风险、城市地下管线、城市气象灾害以及城市交通等各个方面。"丛书"提出了城市管理新思路、新举措,虽然还未能穷尽城市风险的所有方面,但已涵盖了城市风险管理的大部分领域,相信能够解城市风险管理人士之惑,对城市风险管理实践工作也具有重要的指引与参考借鉴作用。

"丛书"编撰汇集了行业内一批长期从事风险管理、应急救援、安全管理等领域工作或研究的业界专家、高校学者,依托同济大学丰富的教学和科研资源,完成了若干相关的课题研究和实践探索。"丛书"拥有完整的理论体系,且技术性和可操作性强,已获批"十三五"国家重点图书出版规划项目并入选上海市文教结合"高校服务国家重大战略出版工程"项目。"丛书"具有创新性和前瞻性,其出版填补了城市风险管理作为新兴学科、交叉学科在系统出版物上的空白,对提高城市管理理论研究、丰富城市管理内容、提升城市风险管理水平和推进国家治理体系建设均有着重要意义。

中国工程院院士

2018 年 9 月

目 录

总序

导言　一样的事实,不一样的态度　　　　　　　　　　001

第1章　新冠肺炎疫情的反思与启迪　　　　　　　　007
　如何看待风险　　　　　　　　　　　　　　　　　008
　回望历史　　　　　　　　　　　　　　　　　　　009
　反思新冠肺炎疫情　　　　　　　　　　　　　　　010
　举国体制与常态化　　　　　　　　　　　　　　　012
　中国的呼唤　　　　　　　　　　　　　　　　　　014
　重新审视保险　　　　　　　　　　　　　　　　　015
　化危为机　　　　　　　　　　　　　　　　　　　016
　城市的韧性与韧性的城市　　　　　　　　　　　　018
　崛起来自反思　　　　　　　　　　　　　　　　　019

第2章　城市故事:在风险中走向繁荣　　　　　　　021
　陪伴:城市与风险　　　　　　　　　　　　　　　022
　城市因风险而生　　　　　　　　　　　　　　　　025
　城市的自然之搏　　　　　　　　　　　　　　　　027
　打开公共卫生安全管理之门　　　　　　　　　　　028

工业污染的环境之殇　029
安全生产管理的违规之痛　030
未来之刺：网络、数据、信息　032
城市风险管理的"华尔兹"　033
城市风险混沌：黑天鹅和灰犀牛叠加态　036
保险为何失灵？　040

第3章　经验借鉴：国际视角下的城市风险治理　045
城市风险治理：IRGC框架　046
谁来买单：城市巨灾的公共产品属性　051
大自然的震怒　053
来自市场的呼唤　056

第4章　理论点位：保险理论的反思与再解读　061
重新审视保险的价值取向　062
好与坏：重塑保险价值观　063
内化：保险价值实现新途径　066
角色的转换　068
增进：保险内生化带给我们的　069
品质保险：说我们想说的一切　071

第5章　创新实践：转变发展方式的价值与取向　075
走过的瞬间　076
保险实践的理想之城　078
寒冬里盛开的腊梅花　080
以自由看待保险　081
新格局、新思维、新方法　083
保险科技：零星灯火中的绮丽　085
保险监管：权衡中的与时俱进　088

  在缤纷的世界里徜徉 　　　　　　　　　　　　　　　089

第 6 章　从工具到机制：重构城市风险防控新框架　　097
  换个角度看风险 　　　　　　　　　　　　　　　098
  保险的"世说新语" 　　　　　　　　　　　　　　099
  理解激励 　　　　　　　　　　　　　　　　　　102
  内化 　　　　　　　　　　　　　　　　　　　　103
  构造 　　　　　　　　　　　　　　　　　　　　107
  新框架的前景 　　　　　　　　　　　　　　　　110
  1＋N 合作 　　　　　　　　　　　　　　　　　　112
  新框架的培育 　　　　　　　　　　　　　　　　115

关键词索引　　　　　　　　　　　　　　　　　　　119

导言

一样的事实,不一样的态度

新冠肺炎疫情的不期而至，打乱了我答应同济大学出版社的出书计划，但也让我在那期间，从繁忙、琐碎和小心翼翼中稍微松弛下来，有机会静下心来思考一些有关中国太平洋财产保险股份有限公司（以下简称太保产险）发展的战略性问题。更为重要的是，新冠肺炎疫情也让我改变了先前想在书中表述的一些习以为常并为保险界更易接受的观点，现实迫使我不得不重新思考。

安东尼·吉登斯（Anthony Giddens）在其《现代性的后果》[①]中有这样一段表述："生活不可避免地会与危险相伴，这些危险不仅远离个人能力，而且也远离更大的团体甚至国家的控制……这个事实本身强化了人们的灾祸临近感，而且，许多人早就注意到了，这种感觉已经成了当今时代的一大特征。"人们也早已意识到，适应和改变是当今时代的一大特征。

人们对灾难的迫近感，或许正发生着微妙的变化。同样是流行病灾难，一百年前的西班牙大流感和今天的新冠肺炎疫情，除了带来相同的恐惧之外，今天的人们对灾难的迫近变得更加敏感。这既源于灾难的现实——极端、频繁，也源于现代社会和城市系统的多变与复杂。在这样一个极端、频繁、多变、复杂的现代社会和城市系统里，不确定性让我们对灾难的敏感度不由自主地增强。

---

① 安东尼·吉登斯.现代性的后果[M].田禾,译.南京:译林出版社,2011.

百年未有之大变局，这既是对世界格局的一种判断，更是对认知行为的一种挑战。站在灾难的角度，新冠肺炎疫情引发了多边主义的开放转向单边主义的保守；而受新冠肺炎疫情的冲击，对待现代社会和城市系统的不确定性的线性解释正在让位于非线性认知。面对百年未有之大变局，适应与改变存在于"逆水行舟，不进则退"的警醒之中。

回顾2020年的新冠肺炎疫情，每个人都会有不同的感叹和感悟，然而，这些感叹和感悟最终汇聚成了我们的共情与信仰，让我们在理解行稳致远发展观的时候，多了一份处在百年未有之大变局中重新审视保险的机遇和重新认知的自信。"行"是发展，"稳"是防控风险，我们需要在发展中防控风险，在防控风险中实现发展，让发展在风险的防控中行稳致远。

城市正在一个更为复杂的系统中发展。现代城市将自然、社会、经济融为一体，人口、建筑物、资产、关键基础设施等一个个"零件"让城市以看得见、摸得着的方式通向繁荣。然而，在通向繁荣的路上，城市也流淌着伤心的泪水，它与繁荣共同构成了城市的文明史。当城市的发展繁荣与城市的灾难泪水融合在一起的时候，当我们用行稳致远的方式审视城市的发展繁荣和灾难泪水的时候，保险不能也不应该用一种损失补偿——守株待兔的线性思维，去解读那充满生机的城市非线性世界。

中医理论中的"治未病"是为了"止灾于日常"。"图之于未萌，虑之于未有"，这打破了我们对保险在风险管理（治理）中惯常的行为模式，即要由风险的"结果论者"向风险的"过程论者"转变。这一转变，蕴含的不仅仅是由一种模式向另一种模式形式上的转变，它实际上是对保险的行为方式做出了重大的管理性重构，而这种重构使保险与经济社会发展之间产生了更为充分的黏性，让保险在城市面对风险的时候，由必然王国走向自由王国。而在现实中，"止灾于日常"的保险风险管理行为，则表现为"不应急"成为应急的最高管理形式。这或许是新冠肺炎疫情给予保险适应社会、经济发展需求变化的反思与启迪之一。

"止灾于日常"缓解了整个社会面对灾难时的恐惧感，但它的作用绝非仅仅表现为一剂抚慰心灵的鸡汤。"止灾于日常"的"止"字实际上突出了风险管理在风险处置过程中的地位与作用。然而,对于如何管理风险,必须重新给予相应的认知。不能武断地或以此为结论地说,损失补偿就缺乏风险管理应有的价值。问题的关键是,损失补偿的目标价值淡化甚至忽略了与社会经济发展相适应的机能建设。而如何对待风险管理的方式、决策和目标则成为是否能更好地适应社会经济发展需求的机能建设的分水岭。

严格意义上说,有意识的行为所产生的有意识的行动,都是受发展意愿支配的。以损失补偿为价值目标的风险管理行为,它所反馈出来的最终价值形态是复原力(或恢复性)。除了要做好事后的损失补偿,还要强调事前预防、管控,如果社会的意愿以此为目标,那么,保险在风险管理中的价值也就得到了合理体现。然而,在一个"止灾于日常"的常态的生产、生活社会里,人们更多的需求来自发展增进,这种需求的愿望远比复原力来得更为强烈。于是,对风险的管理就不是损失补偿意识下的管理行为,而是通过风险管理满足发展增进意愿这种心态下的行动。换句话说,需要探讨在风险管理中实现保险满足发展增进意愿的行动条件是什么。

保险界将保险的功能归为三类:保险保障(有些专家、学者称之为经济补偿)、社会治理和资金融通。无论称之为保险保障功能,还是经济补偿功能,损失补偿都是保险保障的核心要义。然而,面对发展增进,以损失补偿为核心要义的保险保障功能已无法满足发展对保险提出的要求。站在行为激励的角度,发展增进是激励行为改善的结果。在以损失补偿为核心的保险保障中,我们很难窥视到激励行为的存在,但这并不意味着保险不拥有激励行为禀赋,恰恰相反,当保险行为以内化为条件,与发展增进意愿形成同化和顺应的关系时,这种关系就会激发出保险新的功能——内生激励功能。内生激励就是实现保险在风险管理中满足发展增进意愿的行动条件。

风险内生于城市,并且总以一种触目惊心的灾难形象示人,于是我们时常将风险与灾难等同起来。然而,风险毕竟不是灾难,这才有了风险管理的价值存在感,才决定了在损失补偿式的风险管理之外,还有与之不一样的内生激励式的风险管理。正因如此,保险在适应变化的过程中拓展了自身的张力,以一种更加自由的方式,实现与社会经济发展相适应的自为。

"结构与功能相适应"是生物学的一条基本规律。人之大脑、鸟之羽翼、虎之力爪,物种进化总是朝着功能优化的方向砥砺前行,适应性选择依照丛林法则,是为了在风险中更好地生存下去。当我们以内生激励重塑保险在城市风险管理中的价值观的时候,我们会发现一切都在改变。我们不再将保险视作一种工具,而是一种机制,我们会不自觉地促进保险发展方式的转变——由外化为工具向内化为机制转变。我们不再将保险创新看作一种"偶然"灵光闪现的结果,而是以知于创新的态度驾驭我们对保险创新认知的行为。[①] 同样,当我们在谈论保险与科技的关系时,我们将会看到,它们在需要激励的路上正走得越来越近。

同济大学城市风险管理研究院孙建平院长在邀约我编写该书的时候告知,主编"城市安全风险管理丛书"其中一个重要的目的,就是要着力体现其风险管理理念,形成具有自身特色的理论成果。他的一席话让我不敢怠慢,唯有加倍努力。尽管如此,相信书中仍有许多粗浅之处,有伤这套丛书的水平。如若如此,敬请孙院长和出版社的同志原谅!

最后,真诚地感谢孙建平院长和同济大学出版社,让我有幸参与这套丛书的编写工作。

硕 越

2021 年 12 月

[①] "知于创新"旨在表达保险不应被视作一种"即拿即用"的工具,因为风险形态会改变,经济社会环境也在不断变化,并且这种变化正呈现加剧的态势。我们应当在清楚知道保险功能作用、实现机理和基础条件的前提下,开展保险创新行为。

第 1 章

新冠肺炎疫情的反思与启迪

如何看待风险

回望历史

反思新冠肺炎疫情

举国体制与常态化

中国的呼唤

重新审视保险

化危为机

城市的韧性与韧性的城市

崛起来自反思

如何看待风险

纳西姆·尼古拉斯·塔勒布（Nassim Nicholas Taleb）在其《反脆弱》①一书的开篇中这样写道："风会熄灭蜡烛，却能使火越烧越旺。"如果你对不确定性的内涵没有保持足够的理解，极有可能将其理解为成也萧何，败也萧何。事实上，塔勒布想要表达的是风险的两面性，它是硬币的正反两面。当我们用积极的、富有挑战的心态和行动面对风险的时候，风险可以成为我们创新的动力，激励我们进步，反之则让我们滑落、沉寂。"你要成为火，渴望得到风的吹拂"，这是塔勒布在我们面对风险需做出选择时所给予的最佳忠告。

如果说塔勒布在其《反脆弱》一书中给予我们的是理论上的忠告，那么，在《保持饥渴》②这本书中，Innosight公司的管理者和合伙人斯科特·安东尼（Scott D. Anthony）则给予了我们实践上的箴规，"我们唯一确定的，就是不确定性"。为此，在我们面对风险时，必须用开拓性思维取代最优化思维。在此过程中，我们将提高现今企业之间的相关性和企业的

---

① 纳西姆·尼古拉斯·塔勒布. 反脆弱[M]. 雨珂，译. 北京：中信出版社，2020.
② Thinkers50. 保持饥渴[M]. 北京：中国友谊出版公司，2019.

弹性,同时为明日的企业创造发展动力。"记住,最大的冒险不是你采取行动,而是世界在改变,你却徒劳地要维持现状。"

回望历史

"经过劳斯伯利的拍卖市场时,突然间,有一扇竖铰链窗子刚好在我头上猛地打开,然后有个女人发出三声吓人的号啕,接着是以一种最难以仿效的腔调哭喊道,哦!死亡,死亡,死亡!而这让我猝然惊恐起来,连我的血液都发冷了。整条街上见不到一个人影,也没有任何其他窗户打开。因为人们眼下无论如何都没了好奇心,也没有人会互帮互助,于是我接着走进了贝尔胡同。"

上述文字是丹尼尔·笛福(Daniel Defoe)在其历史小说《瘟疫年纪事》①中对发生在1665—1666年伦敦大瘟疫期间的一个典型的历史场景的描述。之所以称之为典型,一方面是小说叙事具有真实性,另一方面它清晰地勾勒出当人类在面对灾难性的至暗时刻时,个人及个人所折射的社会群体所表现出的恐惧、绝望和无奈的共同本我反应。追溯至14世纪欧洲中世纪的黑死病,这样的场景又何不似曾相识?

事实上,欧洲中世纪的黑死病夺走了2 500万欧洲人的生命,占当时欧洲总人口的1/3②。行人在街上走着走着突然倒地而亡;待在家里的人孤独地死去,在尸臭被人闻到前,无人知晓;每天、每小时大批尸体被运到城外;奶牛在城里的大街上乱逛,却见不到人的踪影,以至于作为灾难亲历者的乔万尼·薄伽丘(Giovanni Boccaccio)在他的《十日谈》③中惊呼:"天主对人类残酷到极点。"

不仅如此,黑死病还对当时欧洲诸国的政治体制、经济发展、社会价

---

① 丹尼尔·笛福. 瘟疫年纪事[M]. 许志强,译. 上海:上海译文出版社,2013.
② 刘少才. 席卷欧洲的黑死病[J]. 生命与灾害,2020(2):23-25+22.
③ 乔万尼·薄伽丘. 十日谈[M]. 王永年,译. 北京:人民文学出版社,2020.

值和宗教信仰造成了巨大的冲击。以民族矛盾中的种族杀戮为例,在美因茨,1.2万犹太人因被当作瘟疫的传播者而被活活烧死,斯特拉斯堡城内则杀掉了1.6万名犹太人①。比种族杀戮更为可怕的是,灾难并没有使人们更加信仰上帝,反而使人们陷入绝望。而由黑死病引发的大饥荒和由其造成的盗抢四起情形,则透过社会物理属性的折射,让上帝的精神属性显得更加"弱不禁风"。

欧洲中世纪被称为"黑暗的中世纪"也与黑死病高度关联。然而,从人类社会文明进步的角度看,黑死病给当时欧洲带来的并不仅仅局限于"魔鬼的化身",还有"天使般的黎明"。正如《黑死病:大灾难、大死亡与大萧条(1348—1349)》②的作者弗朗西斯·艾丹·加斯凯(Francis Aidan Gasquet)所分析和认知的那样,黑死病使社会遭受了重创,给人的情感和行为造成了影响,尤其是对人们在宗教情感及行为方面的影响,丝毫不亚于一场革命。正是黑死病使欧洲文明走上了一条不同的发展道路,一条更加光明的发展道路。黑死病加快了社会转型和科技进步,对文艺复兴、宗教改革乃至启蒙运动都产生了重要的影响,从而改变了欧洲文明的发展轨迹。可以说,这场黑死病大瘟疫是欧洲历史的转折点,真正终结了中世纪,开启了欧洲的现代时期。这也应验了在极端压力下人类"渴望得到风的吹拂"带来的变革、创新与发展。

反思新冠肺炎疫情

"天灾人祸是常见之事,不过,当灾难临头之际,世人还很难相信。"阿贝尔·加缪(Albert Camus)在他的小说《鼠疫》③中写道,"人世间流行

---

① 朱迪斯·M.本内特,C.沃伦·霍利斯特.欧洲中世纪史(10版)[M].杨宁,李韵,译.上海:上海社会科学院出版社,2007.

② 弗朗西斯·艾丹·加斯凯.黑死病:大灾难、大死亡与大萧条(1348—1349)[M].郑中求,译.北京:华文出版社,2019.

③ 阿贝尔·加缪.鼠疫[M].李玉民,译.天津:天津人民出版社,2018.

过多少次瘟疫,不下于频仍的战争。然而,无论闹瘟疫还是爆发战争,总是出乎人的意料,使人猝不及防。"

加缪表达了对人类应对灾难时,从政治、社会、经济到专业知识方面富有反思性的诘问,决定了当我们试着做出相应的回答时,必须选择一个相对更大的视角和更具广义性的方法。幸运的是,罗伯特·希勒(Robert J. Shiller)在《叙事经济学》①的视角和方法论,为我们试图回答加缪的诘问提供了合理性的选择。

对每一个武汉市民来说,2020年1月23日至4月8日的这段时光,注定会成为人生悲喜交加的非凡记忆。

1月23日武汉封城之前,媒体对地方政府组织的批评,以及地方政府在危机公关中信息公布的不足,加剧了民众对疫情的焦虑和恐慌,在此期间,一个典型的事件就是"打锣求医"。新冠肺炎疫情初期呈现出的是无序、混乱以及与之相伴的恐慌和无助。1月23日中央做出的武汉封城决定,标志着举国体制的正式启动。此时,媒体以一种更加理性的反思,并以包容和激励的态度对待疫情;政府将行政管理与科学决策高效结合,使其重获民众信任,并得以重塑领导力和权威性;民众也重拾抗疫信心。在这个阶段,"胖妞来了"成为全体社会共同战胜疫情的象征。从3月11日武汉新增确诊病例首次降为个位数②,到17日疑似病例数首次"清零"③,媒体报道的字里行间已充满了自豪与赞扬;政府政策由"应收尽收"到"应检尽检",这之间的跨越充分展示了政府的自信与有为;民众则以生为中国人而骄傲,投出了对政府高达97%的信任票。而同期,美式民主塑造的"高、大、上"形象,则在中国民众的心目中逐渐式微。

---

① 罗伯特·希勒. 叙事经济学[M]. 陆殷莉,译. 北京:中信出版社,2020.

② 央视网. 湖北11日新增确诊病例8例首次降至个位数[EB/OL]. (2020-03-12)[2021-08-03]. http://news.cctv.com/2020/03/12/ARTI0VAGEFcaVgM5N9tfLe1e200312.shtml.

③ 央视网. 关键时刻的关键抉择——习近平总书记作出关闭离汉通道重大决策综述[EB/OL]. (2020-09-08)[2021-08-03]. https://news.cctv.com/2020/09/08/ARTIu8d0eVGcmAxGRTM1UGxW200908.shtml.

2020年3月,当中国疫情防控阻击战取得重大战略成果,并被世界卫生组织视为典范的时候,站在同一个世界屋檐下的美国则没有那么幸运了。美国纽约市3月22日晚的新冠肺炎确诊病例数达到10 764人,纽约州成为美国疫情暴发的中心。27日,纽约州州长安德鲁·科莫(Ardrew Cuomo)在贾维茨中心发表演讲,称新冠肺炎疫情是"一只无形的野兽,一只潜伏的野兽",并要求纽约民众遵守居家令。然而,以唐纳德·特朗普(Donald Trump)为代表的民粹主义政客则无视科学证据,坚称新冠肺炎疫情会"奇迹般地消失",且不会比普通流感严重。特朗普认为,美国需要做的只是禁止中国公民和其他外国人进入美国,以保证美国不受新冠病毒的侵袭。他也拒不承认科莫所估算的多达14万纽约人可能被感染的说法。为此,他告诉福克斯新闻记者:"(我)感觉比起未来的真实情况,很多数字都高估了。"然而,距离科莫贾维茨中心演讲仅仅过去12天,纽约州感染病例(4月8日)就达到14万例。自此之后,我们也不难理解美国抗疫背后的混乱与无序的原因了。

武汉市和纽约州同为各自国内疫情暴发的中心,2020年下半年,武汉已从疫情的泥潭中走了出来。8月,武汉举办了一场声势浩大的水上电音节,现场观众众多,许多人摘下了戴了半年之久的口罩。多家西方媒体认为这场水上电音节标志着武汉正在或已经恢复了往日的城市活力。而纽约州却仍在为戴不戴口罩争论不休,之后仍陷于秋冬季的新一波疫情中。

举国体制与常态化

在希勒的叙事经济学语境中,建立共有信念是应对新冠肺炎疫情引发的经济变化的机制,而体制、保障等则成为影响疫情防控形势的关键变量。

何谓举国体制?就是个人或个体以共同利益的名义服从国家需求,国家则以全体社会的共同利益为目标,动员和调配全国相关的资源(包括物质资源和精神资源),为实现某一特定时期的特定目标而形成的工作体系和运行机制。举国体制是中国文化中集体主义意识下国家治理的现代延伸,它不仅在像2008年奥运会这样的重大公共事件中发挥着重要作用,也被证明是我国在应对像新冠肺炎疫情这样的重大灾害时最为有效的法宝。

让我们重新回到疫情初期,恐慌和混乱是这一时期的重要表征,但从标志着举国体制正式启动的1月23日武汉封城开始,社会丢失的抗疫信心重新逐步焕发出来。正是举国体制,让"生命至上"的信念得以深入人心,让各项社会保障惠及抗疫,成就了武汉在仅仅两个多月之后就从深陷疫情的泥潭中走了出来,也让中国的抗疫取得了阶段性的、令世人瞩目的重大胜利。

当我们确信有中国特色的社会主义举国体制给予了抗疫最大的自信,并展现其巨大优势的时候,站在风险保障的角度,以新冠肺炎疫情暴发初期为典型,我们是否应该反思一下:那个在疫情初期的"或然性信息"中能给予我们最大化"无悔行为"的"止灾于日常"的常态化风险保障机制,为什么与举国体制形成如此反差性的失衡?如果我们将举国体制与"止灾于日常"的常态化风险保障机制搭建为一个更加合理的机制结构和变量结构,我们是否能回应全球应急预备与监测委员会基于经验提出的批判性警告:"长期以来,我们在应对大流行时一直处于'恐慌'和'忽视'的循环……我们早该采取行动了。"[①]显然,我们离实现"止灾于日常"的常态化风险保障目标还有较大的距离,好在《中共中央关于制定国民经济和社会发展第十四个五年规划和二〇三五年远景目标的建议》的文件中,5处15次提到"保险"。这意味着,在经历新冠肺炎疫情后,"止灾于日常"的常态化风险保障建设正在成为我国构建高质量发展体系的重要组成部分。

[①] 科学网. 瘟疫为何总让人措手不及[EB/OL]. (2020-7-2)[2021-08-03]. https://news.sciencenet.cn/sbhtmlnews/2020/7/356195.shtm.

中国的呼唤

无论是从国家层面的发展规划和发展理念出发,还是出于改革开放40年来人们对高品质生活的追求,新冠肺炎疫情都以一种极端的方式,发出了常态化风险保障体系和制度的中国呼唤,而对保险的风险保障需求尤为直观和迫切。

武汉大学宁波国家保险发展研究院针对"后疫情"时代的保险需求做了两份问卷调查。一份取样于不同收入阶层,在所发出的2 000份问卷中有高达71.3%的样本对提问"('后疫情'时代)是否有更强烈的保险购买需求"回答"有"。另一份是针对2 000名中产收入人群的调查(这些人群已有购买保险的经历),对于"(你)是否有意愿继续投资健康类或重疾类保险产品"这个问题,高达86.6%的样本回答"愿意"。这两个数据分别高出疫情前同样问卷调查相应数据的15.1%和23.4%。或许被调查的对象因各种原因未必都付诸行动,有时或仅仅是一种心理上的慰藉,但这些数据却真实地反映了人们对"止灾于日常"的保险风险保障机制的潜在需求和深切期望。

市场的意愿,在国家层面也得到了相应的反馈。而这一回应不仅反映在《中共中央关于制定国民经济和社会发展第十四个五年规划和二〇三五年远景目标的建议》5处15次提及"保险",还为"止灾于日常"的常态化保险风险保障机制的生成营造出中国式的内生环境,并促其成为内生机制。

在习近平新时代中国特色社会主义思想里蕴含着一个重要的发展理念,就是行稳致远。站在风险保障的角度理解行稳致远,其中"行"指发展,"稳"指防范风险、化解风险。行稳致远的核心就是只有在发展中不断地防范风险、化解风险,才能实现经济社会的可持续发展。然而,行稳致远的经济社会发展,在进入新时代新征程时,必须正确地处理好以人民为中心、新时代社会主要矛盾和高质量发展三者之间的关系。其中,要落实以人民为中心的发展思想,就必须解决好新时代社会的主要矛盾,而新时代社会主要矛盾的解决则依赖高质量的发展。高质量的发展包括高质量的经济发展和高质量的社会保障。高质量的经济发展是基础,对应的是行稳致远中的"行";高质量的社会保障是目的,对应的是行稳致远中的"稳"。没有高质量的经济发展,高质量的社会保障就会成为无源之水;没有高质量的社会保障,高质量的经济发展就会成为无本之木。由此,我们可以看到,"止灾于日常"的保险风险保障机制是高质量社会保障的重要组成部分,是内嵌于行稳致远而影响我国经济社会可持续发展的内生要素,并在以人民为中心、新时代社会主要矛盾、高质量发展三者之间的逻辑关系中,扮演着内生机制的作用。

重新审视保险

构建"止灾于日常"的保险风险保障机制,是我们在新冠肺炎疫情的压力下重新审视保险后不得不接受的机遇与挑战。保险应该回答"你在哪?""你应该在哪?",并做出适应、改变与创新。

新冠肺炎疫情与欧洲中世纪的黑死病有着相同的"灾难哲学":要么逆来顺受,走向沉沦;要么以此为契机,展示非凡的适应力和创新力,实现自我发展。

在传统的保险边界里,关注更多的是诸如城市巨灾这样的物理性灾害,而极少是像新冠肺炎疫情这样的非物理性灾害。对物理性灾害,保险积累了丰富的实践经验和技术能力;但对非物理性灾害,保险似乎仍然无能为力。

即便像城市巨灾这样的物理性灾害,传统的保险也忽视了其中隐藏的非物理性属性。这意味着,现有的城市巨灾保险制度是残缺不全的。灾害造成的损害(注意我们使用的是"损害")包括损失和危害,它们是同一波谱中的不同波段。损失可计为物理部分,危害则可计为非物理部分。而现有的城市巨灾保险制度只对可计的物理部分实施"保险",对非物理部分的家园重建则缺少参与。

以物理性灾害的视角理解城市巨灾也是片面的和狭隘的。对于新冠肺炎疫情这种非物理性的灾害,按照现在对城市巨灾的定义,它几乎具有所有的城市巨灾属性特征。它不仅覆盖了城市巨灾的物理属性,而且将危害延伸到人类社会和文明的非物理性的价值系统中。

由于传统保险一直以来对延绵并反复出现的诸如新冠肺炎疫情这样的非物理性灾害采取漠视的态度,当武汉抗疫最为焦灼的时候,按照一方有难、八方支援的集体共情原则,许多保险公司也加入武汉抗疫的援助队伍中。与其他施援者不一样,保险公司带着企业社会责任的美好愿望,凭借自身的专业知识和风险保障产品为8万名战斗在抗疫一线的医护人员投保了人身意外伤害险。然而,对于保险人来说,我们是否应该以一种同理心和有温度的方式反思,自疚地追问:当我们再次遭遇类似新冠肺炎疫情的非物理性灾害时,相应的保险机制是否应该早已等候在那里,体现它应有的本我价值?

化危为机

与处理和化解物理性灾害所拥有的广泛经验和技术不同,面对非物理性灾害,人类显然不如处理和化解物理性灾害那样自信。直至今日,由于我们缺乏处理和化解物理性灾害时那样足够的经验与技术,当诸如新冠肺炎疫情的灾害出现在面前,我们就会变得手足无措。

对传统保险来说,处理和化解物理性灾害仍然是其所热衷且擅长的。然而,正如马克·佩恩(Mark J. Penn)在其著作《小趋势》[①]中描述的那样,相较于物理性灾害,新冠肺炎疫情还是一种"小趋势"。何谓小趋势?佩恩解释道,《小趋势》(指其著作)基于一种理念,即在我们这个社

---

① 马克·佩恩,E. 金尼·扎莱纳. 小趋势[M]. 刘庸安,贺和风,周艳辉,译. 上海:上海社会科学院出版社,2019.

会中正在出现一些重要的力量,它们推动了与我们直观印象相反的一些趋势,这些趋势正在塑造马上就要出现在我们面前的明天。在佩恩阐释小趋势的诸多案例中,有一个令人印象深刻的案例——大众牌甲壳虫小汽车。作为一种反文化现象,大众牌甲壳虫小汽车代表着与20世纪50年代那种什么东西都追求大的想法(如福特汽车)完全相反的个性化思想。然而,正是这种对个性的追求,我们很难不将后来发生的基于大规模定制的汽车革命与之联系,我们甚至很难对发生在今天的汽车环保革命也出自这种对个性追求的联想提出质疑。

佩恩的小趋势理论让我们对化危为机有了更为深刻和富有新意的理解,即在危与机的转换中,如何捕捉那些潜藏在小趋势中但对未来产生重要影响的重要力量。而这股力量一旦形成,将改变我们习以为常的意识和行为,这就是化危为机中的"机"。可以说,小趋势满足了我们渴望已久的,在化危为机中寻求适应、改变与创新并带来进步的愿望。

重拾上述对物理性灾害和非物理性灾害的讨论,我们引入了损失与危害——处于一个波谱中不同波段的两个概念。同时,我们还以城市巨灾保险为例,分析了城市巨灾保险制度不健全的原因来自对危害的忽视。正是这种忽视,让我们看到了新冠肺炎疫情以一种小趋势的方式带来的变革。

以损失为标的的保险,促成了保险在风险保障中工具属性的价值观,这种价值观以一种我们熟知和习惯的"大趋势"方式流行到今天,直到新冠肺炎疫情的暴发。

新冠肺炎疫情作为小趋势给保险带来的变化是:危害是富有渗透性和扩散性的,这是以损失为标的、基于工具属性价值观的保险根本无法承受的"生命之重";而应对这种渗透性和扩散性的危害,正确、合理的选择是促进保险由工具属性向机制属性转变,更确切地说,就是促进保险由外化为工具向内化为机制转变,将保险视作嵌入我国经济社会发展的内生机制,这就是新冠肺炎疫情带来的小趋势。这一小趋势成为我们搭建"止灾于日常"的常态化保险风险保障机制的核心要旨,也是本书的中心议题。

与此同时,围绕"改变就是找到与小趋势匹配的路径与方法"这一命题,我们会对保险的角色转变、运行方式、功能结构做出新的定位与重塑,并描述保险科技在其中扮演的关键性作用。我们还会试图探索构建诸如生计保险制度、品质保险制度的新型保险制度,并对现实的城市巨灾保险制度以一种批判性的方式给予反思。

城市的韧性与韧性的城市

理查德·戴维斯(Richard Davis)在他的《极端经济:韧性、复苏与未来》[①]中这样描述经济的韧性:什么是经济的韧性?韧性就是抗打击能力,而经济的韧性是经济能够从外部冲击中迅速恢复的能力,也是经济中的主要组成部分——企业和劳动者——能够迅速重新组织、恢复生产和生活的能力。如果将整句话中的"经济"二字拿掉,换成"城市"二字,则这句话对什么是城市的韧性的表述几乎不存在歧义,也不会引发误解。

有趣的是,戴维斯帮助我们间接地回答了什么是城市的韧性,而塔勒布在他的《反脆弱》中也间接地帮助我们回答了什么是韧性的城市。反脆弱性超越了复原力或韧性,复原力让事物能抵抗冲击,保持原状;反脆弱性则让事物变得更好,它具有任何与时俱进事物的特质:进化、观念、革命的成功,还有城市的兴起。反脆弱理论具有普遍意义,因此若将反脆弱性定义换成韧性的城市的解释,同样丝毫不会有歧义或引发误解。

更有趣的是,极端经济理论与反脆弱理论在解释什么是城市的韧性和什么是韧性的城市时,"天然"地在同一个波谱中的不同波段中呈现,同时,又让我们前面讨论的物理性灾害和非物理性灾害问题,在逻辑上相互对应地、"自然"地联系到一起。

在城市的韧性和韧性的城市之间,存在着一个重合的部分,就是韧性。

[①] 理查德·戴维斯.极端经济:韧性、复苏与未来[M].冯毅,齐晓飞,译.北京:中信出版社,2020.

城市的韧性是韧性的城市创造的结果,即创造具有韧性的城市的目的是使城市更富有韧性。从这个角度看,城市的韧性展示的是城市物理属性的韧性——硬实力,而韧性的城市展示的则是非物理属性的韧性——软实力。由此,我们不难理解,当城市面临物理性灾害的时候,城市就会展示它们硬实力型的物理性的韧性;而当城市面临如新冠肺炎疫情那样的非物理性灾害时,就会自然地张开其软实力型的非物理性的韧性。

然而,现实中我们往往更加偏重城市的韧性,而会忽视韧性的城市。这也是为什么我们很容易将化危为机片面地割裂为城市的韧性,却忽视了塑造城市的韧性并推动城市文明进步的韧性的城市的建设。这种忽视也映射到保险对待物理性灾害和非物理性灾害的关系中。本书就是为了探讨保险如何参与塑造韧性的城市,为建设韧性的城市赋能,储备勇气和力量面对未知世界。

崛起来自反思

当美国、欧洲还在为经济恢复与保持社交距离、遵守居家隔离令而纠结和挣扎的时候,中国成为世界 20 个主要经济体中 2020 年唯一实现经济正增长的国家。当德国总理安格拉·多罗特娅·默克尔(Angela Dorothea Merkel)哭求德国的年轻人待在学校,承担起他们的社会责任和家庭责任的时候,中国却在百年未有之大变局中谋篇布局着"十四五"规划,在新发展格局的引领下继续追求美好生活。

当中国从新冠肺炎疫情带来的混乱和无序中走出来的时候,或许我们会对重回生活的正轨感到庆幸而自豪,但一定不要忽略:只有一个善于反思的民族,才能成为时代和未来的掌控者。学会拥抱混乱之前,先学会反思,才能使你赋有创造力。这是蒂姆·哈福德(Tim Harford)在《混乱》①中表达的逻辑秩序,也是其观察和思考的结果,它的意义在于启

---

① 蒂姆·哈福德. 混乱[M]. 侯奕茜,译. 北京:中信出版社,2018.

发我们如何成为"后疫情"时代的掌控者。

混乱对于守旧者是灾难，对于思考者是希望，对于创新者则是机缘。新冠肺炎疫情带来的混乱，让中国保险业与其他国家在面对从未出现过的新事物时站在了同一起跑线上，这对中国保险业以创新的方式实现崛起是难得的机缘。然而，当我们时常为已经成为世界第二大保险规模市场而骄傲，甚至为在不远的将来会成为世界第一大保险规模市场而欣喜的时候，我们是否应该先按哈福德《混乱》中的逻辑秩序问问自己，在学会拥抱混乱之前，我们学会了反思吗？

如果我们扪心自问，很快就会发现：新冠肺炎疫情所带来的新型的、非物理性的巨大灾害，之前并没有被我们的保险制度所涵盖，传统的保险功能对此应对乏力，因而我们的选择只能是创造新的制度，设计新的机制。在许多报刊专栏作家将新冠肺炎疫情称为"人类历史新的分界线"的那一刻，因中国保险反思的高度而实现中国保险的崛起，在世界保险历史上增添中国的智慧，书写中国的贡献是中国保险业面临的挑战。

在结束本章写作之前，我们最想说的一句话就是，面对百年未有之大变局，我们最不应该辜负的是新冠肺炎疫情给予我们人类社会的反思与启迪，也最不应该错过它给中国保险业即将带来的变革与创新。

第 2 章

城市故事：在风险中走向繁荣

陪伴：城市与风险

城市因风险而生

城市的自然之搏

打开公共卫生安全管理之门

工业污染的环境之殇

安全生产管理的违规之痛

未来之刺：网络、数据、信息

城市风险管理的"华尔兹"

城市风险混沌：黑天鹅和灰犀牛叠加态

保险为何失灵？

陪伴：城市与风险

约莫6000年前的美索不达米亚平原南部，苏美尔人修筑城墙以抵御外敌，加盖屋舍以安身立命，建造集市以交易商品，搭建宗庙以祭祀神灵，底格里斯河与幼发拉底河的下游水量丰沛、土壤肥沃，足以供养数以千万的民众在此栖居，人类历史上的最早的城市之一就此诞生。从此以后，人们不再逐水草而生，而是转向以城市为单位的大规模聚居。城市的兴起让人们有了更加稳定和安全的生活环境，可以抵御野兽的侵扰和敌人的来犯。当人们不再为生存的不确定性所困扰时，便有了更多的时间和精力（更重要的是思想禁锢被打破）去追求公平、正义、艺术和生活品质，继而直接促进了文化的繁荣。以璀璨的古巴比伦文明为代表的两河流域文明应运而生，楔形文字、汉谟拉比法典以及巴比伦王国的数学和天文学成就成为人类文明史上永不褪色的丰碑。

1940年7月，希特勒命令德军执行入侵英国的"海狮计划"，英德空军开启了人类历史上第一次大规模空战，短短2个月时间，英国便付出了86 000余人伤亡和100万余栋城市建筑被炸毁的惨重代价[①]。丘吉尔

---

① 光明网. 不列颠空战：人类历史上最大规模空中交锋[EB/OL]. (2021-03-18)[2021-08-03]. https://m.gmw.cn/baijia/2021-03-18/34698120.html.

在1943年视察伦敦被炸毁的下议院时,留下了那句经典的名言:"我们塑造城市,城市也塑造我们。"如果留心观察城市发展和文明进步的关系,你会发现二者具有极强的协同性。

19世纪初叶,全球大约只有10%的人口居住在城市,城市也一直保持着6 000多年以来的形态和功能。之后,以蒸汽机为代表的第一次工业革命率先打破了能源转化为能量的束缚,以发电机和内燃机为代表的第二次工业革命又帮助人类挣脱能量远距离传输和高效率利用的枷锁,人类生产力得到了空前释放,城市化进程随之以戏剧化的方式加快。到1900年,城市居民已占到了全球总人口的四分之一。第三次工业革命在根本上解决的仍是能源资源约束和能量利用效率的问题。从前,车马很慢,书信很远,一辈子只能择一地、从一事,如今,电子计算机和互联网让人类足不出户,以极低的能量损耗便可做成以往须付出很大能量代价才能够完成的事情。现在地球上超过一半的人口生活在城市,到2030年,预计每三个人中便有两个是城市居民。近300年世界重要城市人口规模变化趋势如图2-1所示。

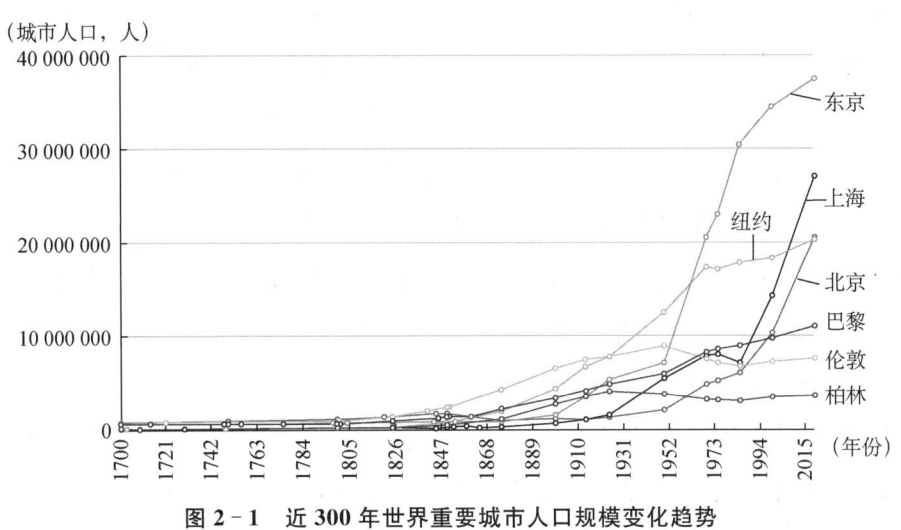

图2-1 近300年世界重要城市人口规模变化趋势

数据来源:耶鲁大学SETO研究所(至2000年)、联合国数据库(2000—2015年)。

城市发展与文明进步之间存在协同关系,背后必然存有一种内在的共性力量驱动。自由和风险构成了城市发展和文明不断向上攀升的自旋力。自由，让我们能够尽可能不受约束地从所有备选行动集合中采取最满意的行动策略，以实现个人效用最大化。风险，或让我们在行动决策时瞻前顾后地放弃自我满意的行动解，或让我们在风险事件发生后受到不同方面的条件约束，造成自由被抛弃和被剥夺的既存状态。

为了化解自由和风险之间的矛盾，人类塑造了城市，通过让规模人口聚居在合理有序的有限城市空间中，一方面提升以城墙、军队、水利、道路等为代表的公共设施和公共服务的规模经济效益；另一方面压缩市场主体之间的空间距离，大幅降低社会分工和商品交易的分配、流通成本。人类从食不果腹和流离失所的风险中解放出来，被束缚的灵性得以释放，去追逐人类那似乎无垠的想象，就如米开朗琪罗·博那罗蒂可以画画和雕塑，艾萨克·牛顿（Issac Newton）和阿尔伯特·爱因斯坦（Albert Einstein）选择思考宇宙奥秘，城市给人类天才们搭建了激发和展示他们雄心壮志的舞台。

犹如一柄双刃剑，城市在造福人类的同时，也将风险摆在了城市塔尖。2001年"9·11"恐怖袭击事件、2004年印度洋海啸、2008年汶川大地震、2011年福岛核事故，直至今天的新冠肺炎疫情，6 000年前的苏美尔人如何也想不到，城市作为人类通过聚居合力抵御风险的屏障，竟会将自然灾害、工业事故、重大传染病等公共安全风险以一种"自食其果"的方式加以呈现。事实上，直到相当晚，大城市还是潜在的"死亡陷阱"，即人口死亡率远远超过出生率，其生存和延续完全依赖于城市功能价值吸引外来人口。经过数次文明跃迁，灾难、事故、疾病才在一定程度上得到控制，城市才得以迎来如之前所述的爆发式增长[①]。

"抵御风险、唤醒自由"与"孕育风险、约束自由"，构成了城市发展的作用力和反作用力。在作用力和反作用力的冲突与对抗中，风险无疑成为城市发展的内生变量，而风险管理则成为城市发展的内生机制，展示了人类在城市风险认知上的跨越，这种跨越促使我们重拾被抛弃和被剥夺的城市发展自由。这既是城市发展和风险管理的辩证法，也是保险在

---

① 约翰·理德.城市的故事[M].郝笑丛，译.北京：生活·读书·新知三联书店，2016.

城市风险中重塑的逻辑起点。

我们之所以忧心于城市风险，一方面源于风险根植于城市的"灵魂"之中，另一方面我们为城市时常的"灵魂出窍"不被察觉而担忧。如果FBI能够在2001年9月11日前得到基地组织恐怖袭击计划的准确情报，恐怖分子不会如此轻易地劫持两架客机并撞向世贸中心双子楼，2 977名无辜平民将幸免于难。如果日本防务省能够在2011年3月11日前预测将发生9.0级地震和最大浪潮达14米的海啸，福岛核电站将早早停堆，周边民众将按时疏散。如果天津港交通运输和港口管理局能够在2015年8月12日前排查出硝化棉自燃隐患，就能避免总能量约为450吨TNT当量的特大爆炸事故。类似的例子不胜枚举，我们当然要谴责城市管理者的渎职和无能，但也不能陷入事后聪明式偏差（Hindsight Bias）[①]陷阱，忽略在有限知识或有限信息的情况下准确预判城市风险并采取最优决策的难度。万幸的是，风险管理具有记忆性，就像2003年"非典"之灾为新冠肺炎疫情防控提供了有益参考，历史经验对于我们在不可完全预判时做出何种决策行为意义非凡。接下来，我们将重点研究城市风险在不同阶段下的特征差异，探讨城市如何在与风险共舞的过程中不断发展。

城市因风险而生

农业革命以前，人类为维持生存所必需的能量只能依靠狩猎和采集。猎物和采集物在地理位置分布上存在的流动性，限制了人类筑造城市并在有限的空间内聚居。提到狩猎文明，你的脑海里首先浮现的画面也许是一群"野蛮人"风餐露宿、衣不遮体、茹毛饮血，聚在篝火旁祈祷心灵的图腾。如果告诉你，狩猎采集者的食物和生活比农业革命

[①] 事后聪明式偏差：一种心理学现象，指当我们知道某事件的结果后，我们会高估自己之前对此结果的预测，会认为这个结果是很容易预见的。

后的人、甚至比现代人还要好,你肯定会质疑其科学性。但 20 世纪 70 年代之后的人类学家证明这确是事实,尤瓦尔·赫拉利(Yuval Noah Harai)也在《人类简史:从动物到上帝》①里面反复强调这一结论。同等热量的食物,狩猎采集者只需打猎三个小时,农民却得平均劳作八个小时才可收获,而且狩猎采集者获得的食物营养素更加丰富。那么狩猎文明为何还会被农耕文明所取代呢?其中很重要的一点在于食物来源单一性和不稳定性造成了部落存续的风险,强者生存、弱者逊遁的丛林法则主导着狩猎文明时期的社会运行。当食物短缺时,老弱病残者被部落抛弃成为心照不宣的规则。可以想象,受迫于这种规则,当时的人们是处在怎样的精神焦虑之下——谁敢断定下一个被抛弃的不会是自己的亲人呢?

　　压死骆驼的最后一根稻草是发生在距今约 12 000 年的"新仙女木"事件②,全球突然由变暖期进入间冰期,大型哺乳动物南迁或消失,可供采集的植物类食物数量锐减。如若保持原有的生存方式,狩猎采集者们只能通过扩大觅食范围来抵抗食物分布密度的降低。然而,事与愿违,随着气候持续变冷,人们发现扩大觅食范围得到的食物供给还抵不过大范围狩猎采集造成的能量损耗。终于,人类迎来了农业革命,易耕种、高热量、耐贮藏的禾本科植物(如小麦、水稻、玉米)被添加进食谱,生活方式也由四处漂泊转向定居。当时的人们不会想到,他们在"新仙女木"事件中的求生本能引领了人类文明史的一次飞跃,催生了城市建设的萌芽,也拉开了人类与风险不断纠缠、争斗的帷幕一角。

---

　　① 尤瓦尔·赫拉利.人类简史:从动物到上帝[M].林俊宏,译.北京:中信出版社,2014.
　　② "新仙女木"事件:根据丹麦哥本哈根北部阿尔露德剖面黏土层所发现的八瓣仙女木花粉而命名,是指在距今 1.29 万年~1.16 万年前,地球变暖进程突然中断并出现全球性快速气温下降。整个事件持续了约 1 200 年,全球平均气温在该事件中下降了 6℃。

城市的自然之搏

中国古籍中关于城市的最初记载可追溯至炎帝时期,传说神农氏"日中为市,致天下之民,聚天下之货,交易而退,各得其所"①。炎帝时期,人类面临的第一类风险是粮食安全和种子安全问题,那时没有科学仪器分析食物成分,更没有基因技术改良植物种子,只能靠一位位勇士冒着极大的风险做"临床试验"。传说炎帝见人民食不果腹、饿殍遍野,便下决心尝遍草本植物,分清哪些可以食用、哪些适合种植、哪些能够治病、哪些具有毒性。他带领臣民从湖北随州一路西行,穿过密林,翻越峡谷,躲避野兽袭击和蛇虫侵扰,历时近百日,试尝了无数种植物后,发现麦、稻、谷、高粱能充饥,人参、甘草、黄连、当归等植物能治病,就让臣民把种子带回去给黎民百姓种植。虽然炎帝最终因尝到断肠草不幸身故,但"神农尝百草"的故事却流芳百世,三百六十五种草药也被后人撰入《神农本草经》而造福后世。

当粮食安全和种子安全问题得到缓解,农业生产风险和公共卫生风险又成了世人的心头之患。在土壤肥沃的地方耕种粮食虽好,但还是免不了靠天吃饭,若遇上灾年则听天由命。春秋时期,齐桓公向一代贤相管仲讨教治国理政之方略,管仲答曰:"故善为国者,必先除其五害……水,一害也;旱,一害也;风雾雹霜,一害也;厉(同疠,瘟疫),一害也;虫,一害也。此谓五害。五害之属,水最为大。五害已除,人乃可治。"②这是全世界最早将风险管理观念系统引入城市管理的论述,并且管仲提到的这些自然灾害和生物灾害时至今日仍是威胁人类生存的主要风险。至于管仲格外重视治水的原因,源自春秋时期诸侯割据,战事频发,阵前是军事力量的对垒,背后则是综合国力的比拼(这点和现代战争完全一

---

① 引自《周易》。
② 引自《管子·度地》。

致),而农业生产力则是影响综合国力最为关键的因素,一旦战事无粮、百姓挨饿,就会有灭国之危。同时,齐国位于黄河下游,地势较低,常年洪水泛滥,无论是从水灾的发生概率还是损失后果来看,治水都是齐国在乱世中安身立命的必然选择。如果说神农尝百草是将万民风险集于一身的个人英雄主义式的胜利,那么管仲修建沟渠、牢筑堤防则是以防为主、防抗结合的源头式风险管理,则展示了集体主义式智慧的力量。

打开公共卫生安全管理之门

1346年克雷西战役前,法国人鄙视地称入侵的英军是不穿裤子的军队,因为他们频繁地蹲下大便。从其病理特征来看,英军极有可能是得了伤寒或痢疾,当然也有可能是霍乱。1854年,霍乱如同一只幽灵席卷英伦,当时的人们只知道染上霍乱会剧烈腹泻,却不知其源于何处、如何传播、怎么治疗。为了追查疫情,英国流行病学家约翰·斯诺(John Snow)开始记录每天的患病人数,并将患者住址标注在地图上。这可能是最早的大数据思维,霍乱传播途径之谜正是因这张地图而真相大白。斯诺发现当地死亡病例都发生在一条名叫宽街(Broad Street)的地方,令他困惑的是,附近的啤酒厂像是得到上帝庇佑,几乎没有人患病死亡。于是斯诺"按图索骥",走访了宽街上的每一户人家,通过描绘用户画像,最终将嫌疑锁定在一口公用水井上。他发现大部分死者都是常年饮用宽街公司水井中的水的人,啤酒厂工人能够逃过一劫竟是由于他们平时只喝啤酒而不喝水。原来霍乱真正的传播介质是井水,而引发这场大瘟疫的,仅仅是被丢弃在距离宽街公用水井不到3英尺(约0.914米)的化粪池里的一块尿布!

斯诺创造性地将统计学引入病毒溯源,揭开了霍乱传播的面纱,并强调了完善基础设施对于预防城市流行病的作用。1855年,时任英国公共卫生总会医疗长官的约翰·西蒙(John Simon)带领工作小组到处游说议员,促使议会通过了有利于公共卫生的法治体系,最终在1875年颁布

《公共卫生法案》(Public Health Act),将此前30年间的数十个互不协调的卫生法案综合起来,内容包括供水、排水、街道房屋管理、垃圾清理、食品卫生监督、疾病预防、殡葬和污染行业管理等,同时影响了英国此后60年所做的大多数卫生改革项目,成为当时最有效、最广泛的公共卫生安全管理体系的核心。

如果没有流行病学、生物学,没有医学专家们在黑暗中摸索出的科学星星之火,人们可能还在烧香拜佛祈求疫情早日消散,或是被蛊惑于用消毒水自行"化疗",疫情防控根本无从谈起。正是在一次又一次重大传染病的侵袭下,城市公共卫生安全管理体系得以逐步健全完善,人类将治愈疾病的希望寄托于科学诊断和医药制药,而医院则成为21世纪的"大教堂",我们终在进行科学防控的过程中收获到更大的自由。

工业污染的环境之殇

以蒸汽机为标志的工业革命将社会生产方式推向机器大工业,把人类生产力带到前所未有的高度。但正如风险社会理论主要创始人乌尔里希·贝克(Ulrich Beck)在《风险社会》[①]中所言:财富生产必然系统地伴随着风险滋生。工业革命也将环境污染风险和安全生产风险以一种匪夷所思的速度曝光在每一位城市居民身边。漫步在19世纪大不列颠的街道上,扑鼻而来的不是来自大西洋略带盐味的海风,而是从化工厂里弥散开的硝化物和硫化物,很多掉入泰晤士河中的水手并非溺水身亡,而是窒息于这条"下水道"恶臭和有毒的水汽。当人们沉浸于经济繁荣带来的舒适和惬意时,城市风险却趁机潜移默化地发生着变异。以资源和环境为代价的发展终会成长为一头撞碎繁荣美梦的"灰犀牛"。

---

① 乌尔里希·贝克.风险社会:新的现代性之路[M].张文杰,何博闻,译.南京:译林出版社,2018.

1952年12月5日开始,伦敦连续数日空气寂静无风,由于逆温层的作用,工厂生产作业和居民燃煤取暖排出的大量废气难以扩散,导致伦敦城被浓厚的烟雾笼罩多日。这场持续数日的人为灾难在短时间里造成了4 000名伦敦市民死亡,并有8 000人在随后两个月的时间里死于烟雾事件引发的呼吸系统疾病。雾都远非印象派大师莫奈用粉红色颜料绘就的那般浪漫,曾经客居伦敦的老舍先生则更加写实地对此进行描绘:"那是乌黑的、浑黄的、绛紫的,以至辛辣的、呛人的伦敦雾。"

1956年,英国政府颁布了世界上第一部现代意义上的空气污染防治法——《清洁空气法案》(*Clean Air Act*),以促进大规模改造城市居民的传统炉灶,逐步实现居民生活天然气化,减少煤炭用量,冬季采取集中供暖。同时,在城市里设立无烟区,区内禁止使用可以产生烟雾的燃料。发电厂和重工业作为排烟大户被强制搬迁到郊区。1968年和1974年,英国政府进一步收紧空气污染管控措施,规定了工业燃料里的含硫上限等硬性标准,要求工业企业必须加高烟囱,将烟雾排放到更高的空域,从而更好地疏散大气污染物。

除了一系列强制性措施,伦敦烟雾事件也让"抗雾"成为英国人的社会共识。20世纪80年代以后,汽车尾气取代煤烟成为英国空气的主要污染源。汽车尾气中的铅被人体吸入后会严重影响后代智力,在民众的强烈抗议下,英国开始推行无铅汽油。后来,人们又发现汽车排放的其他污染物如氮氧化物、一氧化碳、不稳定有机化合物等在被紫外线照射后,会形成"光化学烟雾",于是从1993年1月开始,英国强制所有在英国境内出售的新车都必须加装催化器以减少氮氧化物的排放。

安全生产管理的违规之痛

让我们再来认识一只"人工养殖"的"黑天鹅"。1986年4月26日,乌克兰普里皮亚季市发生了史上最严重的核事故——切尔诺贝利事件,切尔诺贝利核电站第 4 发电机组和核反应堆全部炸毁,将放射性物质抛射到了大气层当中,高能粒子流电离空气照耀出类似极光的五彩斑斓。周边居民聚众欣赏夜空中的视觉盛宴,殊不知这竟是末日来临前的"回光返照"。切尔诺贝利核事故造成的辐射剂量超过广岛原子弹 400 倍以上,造成 31 人当场死亡,200 多人受到严重放射性辐射,之后 15 年内有 6 万~8 万人因此死亡,13.4 万人遭受各种程度的辐射疾病折磨,方圆 30 公里地区的 11.5 万多民众被迫疏散,事故发生地至今仍是一片荒芜。乔韩·瑞克(Johan Renck)2019 年执导了一部关于核事故的电视剧,观看者一定会为剧中政客面对事故时的推诿甩锅感到愤慨,为消防队员和救灾工人的无私无畏感到震撼,为科学家们追求真相和不惧强权动容。

现实有时候比戏剧更加荒诞,切尔诺贝利核反应堆当晚是在开展安全试验。是的,你没有看错,世界上最严重的核事故竟然发生在一次旨在提高安全性的试验时。而直接导致切尔诺贝利核事故的原因之一,是设计者在碳化硼制成的控制棒尾端设计了能提升反应堆效率的石墨[①]。这样核反应堆在正常工作时,控制棒尾端的石墨能够提高效率;出现意外时,控制棒主体的碳化硼仍可终止反应,阻止事故发生,多么天才的设计!结果当晚参加核反应堆测试的所有工作人员都不知道控制棒的特殊性能,他们为了升高功效,先是违规将 211 个控制棒中的 205 个完全抬起,在进行其他一系列操作并发现反应堆功率到达极限后,又将这 205 个控制棒同时插入。然而,最先影响反应堆的不是操作员想要的碳化硼,而是能够大幅度提升反应堆效率的石墨,这让控制棒由本该熄灭火苗的冷水变成引爆火药桶的那支火柴,一场大灾难就这样在设计缺陷、指挥混乱、违规操作的共同作用下发生了。

---

① 国际核安全组 1992 年 INSAG-7 报告《切尔诺贝利事故:INSAG-1 更新资料》。INSAG. The Chernobyl accident: updating of INSAG-1[R]. Vienna: International Atomic Energy Agency, 1992.

未来之刺：网络、数据、信息

当前，数字技术同人类生产生活以前所未有的广度和深度交汇融合，全球数据呈现爆发增长、海量集聚的特点。数据流通过引领技术流、物质流、资金流、人才流，冲破以往由于信息不对称造成的行动自由壁垒，深刻影响了社会分工协作的组织模式，促进了生产组织方式的集约和创新，改变着人们生活的方方面面。

在即将到来的万物互联时代，城市功能的运行将更多地通过数字技术来实现，网络安全和数据信息安全问题也将因此成为新的城市风险形态。2013年，斯诺登披露美国棱镜门事件（PRISM），指认美国国家安全局和联邦调查局于2007年启动代号为"棱镜"的秘密监控计划，监听对象包括所有在境外使用美国互联网公司服务的客户，以及任何与国外人士通信的美国公民，包括微软、雅虎、谷歌和苹果在内的9家互联网巨头卷入其中。2018年3月，美国Facebook公司用户信息泄漏事件震惊全球，超过8700万用户的个人隐私被Facebook泄露给其他商业性机构。2020年12月"健康宝"明星隐私泄漏事件和2021年7月滴滴出行事件也给我国网络安全和数据信息安全问题敲响警钟。在互联网经济野蛮生长的近20年里，违规收集使用个人信息绝非行业怪象而是行业常态，正如社会学家乌尔希里·贝克所言："我们生活在文明的火山上。"尤其是随着数字技术的应用场景由商业领域渗透到人们衣食住行和生老病死，继而拓展到经济运行和城市管理的全域，我们不得不特别关注由此引致的新风险问题。

安全是暂时的，风险是永恒的，这是历史在不确定性中传达给我们的一个确定性信号。城市发展绝非一路坦途，城市风险也非一成不变，如果我们罔顾发展过程中已经暴露或尚未显现的风险问题，无视这些风险不断衍生和演化出的新类型、新形态、新特征，仅用陈旧、静态而狭隘的思维去看待城市发展，就不可能行稳致远，更不可能做到化危为机。

城市风险管理的"华尔兹"

无论是心理学家还是行为经济学家，都用实验证明了人们对于损失较收益更加敏感，等量的损失和收益，前者负效用是后者正效用的2.5倍，这被称为"损失厌恶"。打扑克输一局的愤懑感往往比赢一局的满足感更加强烈，股票跌停造成的市场恐慌也远比涨停带来的市场热潮来得迅猛。损失厌恶是驱使人类排斥风险的心理反馈，正常情况下，人们厌恶风险，这与智商高低和知识多寡关系不大，更多的与生物进化造成的"幸存者偏差"相关联。自然选择能让敏锐感知、合理应对风险的生物个体延续下来，并赋予世界一套风险应对哲学，伴随着恐惧、不安和焦虑等情绪刻录在基因当中，在危机正式降临前警示人类做好准备。我们站在悬崖边会腿软发颤，看见蛇虫猛兽会撒腿而逃，就连在上班时划水摸鱼，也会把余光瞥向身边，提防着老板不期而至。但是光有风险意识还不足以让我们安然度过危机，如何从现实条件约束下的可供选择的行动集合中，采取最优风险管理决策才是关键。

从广义上来说，城市风险是指可能对居民生命财产安全和城市功能运行稳定造成不利影响的一切不确定性因素。与其他不确定性问题一样，人类针对城市风险在总体上可采取包括规避（avoidance）、自留（retention）、控制（control）和转移（transfer）在内的四种方式，每种方式在特定风险场景下又将具象化为不同的行动策略。教科书上关于风险应对策略的表述有时会产生隔靴搔痒之感，然而，现实演绎却要生动得多。比如，同样是风险规避，孟子劝诫"君子不立危墙之下"，保险人拒绝高风险客户投保或续保，资本家在经济下行时选择关闭工厂和裁员，而城市管理者在疫情严重时无奈给城市按下"暂停键"。城市风险的光怪陆离和捉摸不定，决定了我们无法拥有一套普适方法去应对风险事件，但领会城市风险管理艺术，清楚认识四种风险应对方式的具体场景和约束条件，将让我们在与风险共舞时更加游刃有余。

风险规避是指拒绝接触某些存在损失风险的事物,但也意味着我们必须放弃从该事物中获益的相对可能性,这将会带来高昂的机会成本①。中国历史上引起最大机会成本的风险规避决策我想应该是清朝的闭关锁国,为了规避外来意识形态和武装势力入侵风险,确保皇权和政局稳定,清政府于18世纪初开始实施"一口通商"和《防范外夷规条》,这项风险规避决策剥夺了中国吸收世界先进文化和科学技术的机会,并直接导致中国错过18世纪中后期工业革命带来的全球经济大繁荣和人类文明跃迁的发展机会。不考虑机会成本,一味强调规避风险而选择固步自封、停滞不前当然不可取。我们不能因害怕发生交通事故而放弃驾驶汽车,不能因害怕发生安全生产事故而拒绝开办工厂,不能因害怕发生意外伤害事件而躲避社交出行。但特殊情况当有特别招数,"明知山有虎,偏向虎山行"的不全是勇士,更有可能是莽夫。面对那些发生概率较大或者损失后果不可接受的风险,退一步或许会迎来海阔天空。

风险自留是指保留并自我承担某件事物可能造成的损失。同样是选择风险自留,有些是权衡利弊后的无为而治,有些则是束手无策时的无奈之举。前者在日常生活中较为常见,是我们面对发生概率较低并且损失后果能够承担的风险时的一般做法。使用煤气可能会引致爆炸或中毒,但我们只要稍加注意,就可以让煤气爆炸、中毒事件的发生概率无限趋近于零。之所以说后者是无奈之举,是因为某些风险事件的发生概率并不低,损失后果也极其严重,但我们又不得不勇敢地迈出那一步。电影里常常能看到这一幕情节,拆弹专家抽丝剥茧排除了所有不可能选项后,还是得在定时器跳到最后一秒时,为剪断两根电线中的哪一根做出抉择,他近乎是承担着以 1/2 概率导致在场所有人死亡的损失后果,却并无退路。虽然这个例子过于极端,但说到底,我们仍然是在权衡风险应对策略的收益和成本,只不过这次天平倾向了风险自留一端。

风险控制是指通过采取某些干预措施,降低损失发生概率或是减轻损失后果。历史经验证明,这可能是最积极、最靠谱的风险应对方式。

---

① 机会成本:指在面临多方案择一决策时,被舍弃的选项中能够带来的最高价值。

如果将无数风险受害者的血与泪写成一部纪实录，估计满篇都是关于提醒后来者采取风险控制措施的忠告。风险控制让我们可以从具有风险的事物中获益，不必因采取风险规避策略承受高昂的机会成本，又能够减少未来损失的不确定性。管仲修建沟渠、牢筑堤防，让齐国人民不用携妻带子走上背井离乡的逃荒之路，更是将国家君主齐桓公推为春秋五霸之首。但天下从来没有免费的午餐，为达到良好的风险控制效果，就必须为此投入大量资源，这让决策者经常在制定风险管理策略时犯难。就像苏联人为了减少核电站建设预算，没有在切尔诺贝利安装核反应堆安全壳；日本为了省下福岛核事故污染治理成本，决定将百万吨含有数十种放射性物质的核污水排入太平洋；等等。决策者受制于现实条件的种种约束，往往容易短视并采取被动的风险应对策略。

风险转移是指将风险及其可能造成的损失转移给他人，将不可预见、不可控制、可能发生的损失，转变为可预见、可控制的成本或费用，从而稳定投资营运、平衡成本和收益，一旦发生损失时能获得足够的赔偿，以恢复家庭生活或投资经营。风险转移并不会直接导致风险本身发生变化，只是将其负面影响转移给专门承担风险的机构或个人。一般来说，风险转移方式可以分为非保险转移和保险转移。非保险转移是指通过订立经济合同，将风险以及与风险有关的财务结果转移给别人。保险转移则是选择通过购买保险的形式将被保险人所面临的风险转移出去，花少量的保险费用，来避免较大的经济损失。在城市发展的历史演进中，风险转移的例子不胜枚举。古有大禹治水，疏而不堵，使得洪水能够流进江河，汇入四海，利用广阔的江河海洋来转移洪水风险，解决了以往采取堵截的治水方式难以化解的洪水集聚的风险。今有巨灾保险、责任保险和社会保险等各种保险风险转移方式，"聚点滴汇成汪洋"，构筑起韧性城市建设的一道道屏障。同时，以基金制度、租赁、联营投资、第三方担保和金融衍生品套期保值等多种形式的非保险转移，既为生产、消费、投资中不可保风险提供了损失控制的途径，又为城市经济发展注入了更多活力。

观点来来去去，故事常驻人心。风险不应作为专家们演说时故弄玄虚的谈资,也不应被学者们作为装点门面的卖弄。风险遍布你我身边,"与风险共舞"听似浪漫,实则危机四伏。我相信赌徒会在清醒后为选择自留而非规避赌博风险造成的财富流失、家庭破裂而懊恼不已,也相信特朗普和白宫政客们终将因未采取严格的风险控制措施致使近 40 万美国人民死亡而备受良心谴责。但现实不可逆转,生命没有重来,在关于城市风险的不完全信息动态博弈中,不知道什么远比知道什么更加重要。为了不在日后为今天所做的决策而悔恨,我们必须怀揣敬畏之心,加强对风险内涵的认识,丰富应对风险的武器库,理性并且谨慎地权衡风险应对策略的成本和收益,而不是靠拍脑袋做决定。

城市风险混沌:黑天鹅和灰犀牛叠加态

艾萨克·牛顿在 1687 年发表的《自然哲学的数学原理》中提出万有引力和三大力学定律,奠定了经典物理学大厦的基石。此后的两个多世纪里,物理学家们不断添砖加瓦,一切物理现象似乎都能从简洁、优雅和直观的理论中得到验证。1814 年,牛顿力学的拥趸、法国数学家皮埃尔-西蒙·拉普拉斯(Pierre-Simon Laplace)提出一个假想试验:有一个小妖精,它知道某一个时间截面上宇宙中所有粒子的位置和动量,并拥有超强的计算能力,从而可以通过牛顿力学定律来演算出全部粒子在过去以及未来的运动状态。这只聪明非凡的妖精就是物理学著名神兽之"拉普拉斯妖",实际上它阐述了经典物理学下的确定性宇宙。这确实符合我们对现实世界的一贯认知,太阳东升西落、潮汐周而复始莫不如是。在拉普拉斯妖的视角下,我们就像是扮演宿命论剧本的优伶,身陷囹圄而不自知。

拨开云雾见青天的是年仅 26 岁的德国天才物理学家沃纳·卡尔·海森堡(Werner Karl Heisenberg),他于 1927 年提出不确定性原理(Uncertainty Principle):要知道一个物体的位置,就必须对它进行观测,但观测行为本身将不可避免地搅扰被观测粒子的运动状态,因此你不可能同时知道一个粒子的位置和它的速度。丹麦物理学家尼尔斯·玻尔（Niels Bohr）和海森堡创立的哥本哈根学派否决了确定性的经典物理学宇宙，并构建起一个充满概率和不确定性的量子宇宙。在量子宇宙中，逍遥近百年的"拉普拉斯妖"无处遁形，因为它不可能同时知道宇宙中所有粒子的位置和动量，自然也就无法预测未来。正是由于将不确定性作为研究范式，量子力学显得那么深邃玄奥以至于难以置信，就连思维最天马行空的爱因斯坦都直呼："上帝从不掷骰子！"埃尔温·薛定谔（Erwin Schrödinger）更是牵出一只猫来讽刺玻尔和海森堡的哥本哈根诠释，这就是物理学第二只神兽——"薛定谔的猫"。

拓展阅读　　薛定谔的猫：生与死的叠加态

薛定谔提出，将一只猫关在它无法逃脱的密闭容器里，并在容器内部设计化学毒药机关。机关由触发装置（镭）、传动装置（铁锤）和毒药容器（氰化物）组成。如果镭发生衰变，会触发机关导致铁锤打碎毒药容器，猫就会死；如果镭不发生衰变，猫就存活。根据哥本哈根诠释，由于放射性的镭处于衰变和没有衰变的叠加状态，猫就理应处于死猫和活猫的叠加状态。这只既死又活的猫就是"薛定谔的猫"。

回到风险管理命题。我们已经认识了四种不同的风险应对策略，以及采用何种策略关键取决于对风险管理成本和收益的权衡。但这仅仅是冰山在水面上的一角，深藏于水面之下的部分才是决定整个冰山浮沉的主体。现在让我们还原城市风险管理全貌：信息获取—风险识别—风险评估—制定风险管理策略并实施—事件应急—灾后恢复。不难发现，风险管理的逻辑起点还是在于感知风险和分析风险。明枪易躲，暗箭难防，如果薛定谔牵来的那只可怜猫能机敏地感知到毒药瓶的存在，并且分析出里面装着致死的氰化物，它一定会避而远之并疯狂呼救。如若不能，它会出于猫科动物天生的好奇去玩弄那只精致的小绿瓶，死亡甚至等不到镭的衰变。人类又何尝不是生活在城市中的困兽？如果置身险地而不自知，那么说你我同薛定谔的猫一样处于"生与死的叠加态"一点也不为过。微观世界的不确定性给予我们一个重要启示：摆脱混沌的先决条件是持续对风险进行观测。在没有搞懂各类城市风险的属性特征和发生机理的情况下，我们根本没法知道各种风险应对办法将带来什么样的结果，精准权衡风险管理成本和收益自然无从下手，更别提制定风险管理策略。总之，要提高城市对抗风险的免疫力、治愈力和恢复力，就必须做到料敌于先。

事实上，聪明的人类从未停止获取信息和感知风险的脚步，从占星术到遥感卫星，从地动仪到电磁式地震仪，从人口普查到智慧城市，科学技术不断迭代升级，只为更精确地从历史传达给我们的信号中捕捉到未来发展趋势。可惜人类还不够聪明，预测复杂系统长期未来走势的能力仍处于孩童阶段，"某某年是世界末日"是科幻电影里的自嘲式剧情，"最近有血光之灾"是大师们的街头骗术，"股票近期要大涨"是基金经理的商业忽悠。即便是国家花重金打造的高度成熟的天气预报系统，也只能做到三天准确率 80%，七天预报具有一定的参考意义，再长时间就无能为力了。

城市应急管理的最高目标是"不应急"，即能够在风险事件发生前进行提前预判，或将其扼杀在萌芽阶段，或为事后充分应对争取更多时间和空间。但人们距离这个目标还有很长的路要走，我们对城市风险事件的预测就像经济学家们的高谈阔论，屡屡在迟来的事实中沦为笑柄。是什么导致人们预见力的湮灭？这首先得从贝叶斯的先验概率和后验概率说起。

先验概率 $P(A)$ 是基于历史经验对 A 事件发生可能性做出的事前判

断，后验概率 $P(A|B)$ 是根据观测到的蛛丝马迹（B 事件）对 A 事件发生可能性进行重新纠偏。假设现在有一副 54 张不同花色和点数的扑克牌，打乱后随便抽出一张问你是红桃 3 的概率，你定会不假思索地回答是 1/54，但让你翻看剩下的 53 张牌之后再回答，结果将大不一样——如果剩下的 53 张牌中没有红桃 3，答案将是 1（抽出的牌肯定是红桃 3），反之则为 0（抽出的牌不可能是红桃 3）。同样的，在"零号病人"没有发现的情况下，如果有人告诉你 2020 年将有一场疫情席卷全球感染 1 亿人，你一定笑话他杞人忧天；但如果告诉你，有科学家观测到有一种未知病毒正在以惊人速度蔓延，你脑海里蹦出的后验概率就会从 0 跃迁到一个很高的数字。这跟量子力学里的波函数坍塌有异曲同工之妙——人类对于某个风险事件发生可能性的判断更大程度上取决于主观认知程度。

"在发现澳大利亚之前，欧洲人认为所有天鹅都是白色的，但这个信念却随着第一只黑天鹅的出现而崩溃。"

——纳西姆·塔勒布《黑天鹅：如何应对不可预知的未来》①

相较于黑天鹅的扑朔迷离，还有一类风险，它太过于常见以至于人们平时习以为常，但待时机成熟会造成巨大破坏力，人们称之为"灰犀牛"。如果我们用贝叶斯思维去审视这两只异兽，会发现它俩同属于后验概率 $P(A|B)$ 范式下的两个极端：黑天鹅是由于我们未接收到与风险事件 A 相关的有效信号 B 产生的"绵里针"；灰犀牛则是由于我们无法准确把握频繁接收到的信号 B 与风险事件 A 之间的关系造成的"灯下黑"。特别是当引入动态视角来分析城市风险时，问题将变得更加复杂，从自然灾害到意外事故，大多数城市风险从释放有效信号到风险事件发生快到离谱，这意味着留给我们获取有效信息、识别评估风险并采取行动的时间被大幅压缩，我们必须与时间赛跑，而背后就是死神的镰刀。

---

① 纳西姆·尼古拉斯·塔勒布. 黑天鹅：如何应对不可预知的未来[M]. 万丹，刘宁，译. 北京：中信出版社，2011.

保险为何失灵？

保险经常面对的是以企业或家庭为承保单位的财产险。风险事件发生概率较低且可通过历史数据进行预测，虽然风险事件的损失较大但相对于总体保费收入规模而言尚属可控，最为关键的是，风险事件不会大量集中爆发——只有极少数的居民住宅会在保险期间因燃气泄漏而发生火灾，企业的研发仪器和生产设备也不会如此碰巧地同时发生故障。满足这些条件的风险被机灵的保险人称为可保风险，保险精算师挥舞着大数法则和中心极限定理两大法宝，评估保险业务经营之得失，核保核赔人员紧盯着道德风险和逆向选择两个漏洞，查勘客户面临风险之大小。剩下的便交予市场，具有风险忧患意识的企业和居民选择合适的保险计划，并在风险事件发生后因保险雪中送炭而得以渡过难关。太平洋保险的广告语"平时注入一滴水，难时拥有太平洋"，将中华民族的文化精髓和语言魅力表现得淋漓尽致，守望相助、同舟共济本就应该是每一位保险人的初心和使命。

拓展阅读	保险学者认为可保风险必须具备以下条件
• 必须有大量的风险单位，否则无法实现风险分散	
• 损失必须是意外的和非故意的，否则无法控制道德风险	
• 损失必须是确定的和可测度的，否则无法计算理赔金额	
• 损失不是灾难性的，否则超出承保能力范围或保费过高	
• 损失概率必须可以预测，否则无法精算定价	
• 保险费在经济上必须是可行的，否则无人买单	

可惜并不是所有风险都甘于被保险轻易驯服，城市风险便是我们仍需努力攻克的棘手问题。如果你仔细观察，会发现市面上绝大多数保险产品

通过免责条款"巧妙"地将大部分城市风险排除在外,因此才会在新冠肺炎疫情发生后,出现企业财产险、营业中断险、商业医疗险、重大疾病险、人身意外险集体失灵的问题。企业财产险只对火灾、爆炸、部分自然灾害等其他物理性风险负责;营业中断险一般作为企业财产险的附加险,也是仅解决物理性风险造成的关门停业问题;商业医疗险通常与医保报销目录挂钩,医保报不了的,商业医疗险也无能为力;重疾险只保障保单列明的有限类型重大疾病,对于新冠肺炎这种突发未知疾病束手无策;人身意外险保障非疾病的突发意外事件,更是将细菌病毒感染赫然列入免责条款。

说到这里,熟悉保险的读者或保险人可能认为我犯了以偏概全的错误,重大传染性疾病只是城市风险中的个例,新冠肺炎疫情更是极端情况,怎么能说明传统保险应对城市风险不力呢?事实上,只要是风险波及面或影响力上升到整个城市的高度,商业保险都或多或少地存在失灵问题,这绝非危言耸听。为了证明这个观点,我们首先要认清楚城市到底怎样改变着风险的时空分布特征,以及这对保险而言意味着什么。

城市的基础属性是规模人口在有限空间地理位置上的汇聚,并以此为"奇点"衍生出不同的城市功能,人口集聚释放规模经济效益、促进社会分工细化、提高要素流通效率,让人类生产力获得极大解放。但是,当我们从风险管理的角度看待城市,问题就出现了!其一,人口密度增大和财富高度集中使得具有一定影响范围的物理性城市风险威力提升,如自然灾害和重大工业事故。其二,社会关系紧密导致传染性风险走向极端的收敛速度加快,如重大传染性疾病和金融系统性风险。其三,城市功能演进让新型风险不断滋生,如网络安全风险和无人驾驶风险。其四,城市发展惯性致使风险存量持续累积,如老龄化风险。其五,城市资源的公共品属性造成损失后果的外部性问题,如环境污染风险。其六,城市管理行为本身将改变风险事件"损失-概率"分布,导致更强的不可预测性,如社会治安风险。经济学家们建立数学模型时,一定会发现,城市风险损失分布函数的变量增多了、交叉项出现了、内积扩大了、尾部变厚了、曲线不平滑了。如果我们将可保风险与上面提及的城市风险的特征进行比较分析,会惊讶于二者之间的迥然不同,城市风险具有的系统性、传染性、累积性、外部性、不可预测性等特征刚好打在传统保险认知的死穴上,这就不难理解为何保险在面对城市风险时容易失灵。

可保与不可保的边界真的牢不可破吗?当学者们还在讨论城市风险是否可保的时候,实践已经走在了前面。从2015年深圳和宁波率先试点的城市巨灾保险,到2018年城乡居民住宅地震巨灾保险正式落地,再到2020年年初多个城市在新冠肺炎疫情期间通过保险机制助力复工、复产、复学,我国近些年来做了许多关于保险参与城市风险治理的实践创新。

拓展阅读　　太保产险参与城市风险治理的实践探索

建筑工程质量潜在缺陷保险

住房是关系到千家万户的基本民生问题,由于住宅质量产生的争议、矛盾除了给当事人生活带来不便外,也极易转变为影响巨大的社会性事件。

为了给居民提供一个住房质量问题快速响应、有效解决的机制,2013年上海市政府有关部门联合太平洋产险引入了建筑工程质量潜在缺陷保险。该试点满足了上海政府、企业、居民各方要求,通过事前、事中、事后全方位参与,不仅为建筑方提供了工程风险控制服务,而且为居民因工程潜在缺陷遭受修理、加固、重建等费用损失提供赔偿。

社区综合保险

由太保产险首创的社区综合保险,首先在上海试点,并逐步在全国多个城市推广,成为深受社区欢迎的公益性险。虽说"水火无情",但通过街道及政府的救助基金等专款出资、保险公司公益性承保、受益人为社区居民的方式,社区综合保险发挥了扶弱救急的保障放大功能。

2014年最后一晚23时35分,上海外滩陈毅广场发生拥挤踩踏事件,造成多人死亡多人受伤。事故发生后,经核实,太保产险上海分公司承保了黄浦区社区综合保险项目中的公众责任险,太保产险第一时间启动应急预案,紧急开展客户信息排查及理赔处置工作,有效地维护了社区公共安全和公共利益。

浙江宁波作为全国首个保险创新综合试验区，在引入保险机制应对城市风险方面的实践工作卓有成效。宁波是一个滨海城市，受海洋湿润气流影响，降水充沛，经常面临着台风、暴雨等自然灾害。据统计，在2004—2021年间，全市遭受8次造成直接经济损失10亿元以上的台风，2013年的"菲特"台风更是造成高达334亿元的经济损失。面对如此频繁的自然灾害，全社会对于弥补灾害损失的呼声越来越高，城市管理者因此下定决心探索运用保险手段完善灾害管理体系，于2014年11月率先推出公共巨灾保险制度，保险保障范围包括台风、暴雨、洪水、暴雪、雷击等自然灾害及重大突发公共安全事故，进而提高城市在应对巨灾风险时的能力和水平。2018年4月，推出全国首创的城市道路桥梁综合保险，以分散化解因自然灾害和意外事故导致道路、桥梁等市政基础设施损坏和人员伤亡的风险，并引入科技手段对城市基础设施运行状况进行实时监测预警。

这些弥足珍贵的实践给保险服务城市风险管理带来了重要启示，即如果我们仍将经济补偿作为保险功能的锚点，保险只能是作为用于事后的风险转移和分散工具，对城市风险常态管理和应急体系裨益甚少，大量的无谓成本损耗让保险就像生锈的链条一样失灵和低效。只有不畏混沌，深度参与城市风险事前预防、事中控制和事后应对的全过程，塑造保险在城市风险管理中的社会资源配置、风险减量管理和保障激励功能，缔造更加对称的成本共担、风险共治、收益共享的城市风险管理新格局，唤醒城市主体关于发展、安全、稳定的共同信念，保险才能成为推动城市发展行稳致远的内生机制。

第 3 章

经验借鉴:国际视角下的城市风险治理

城市风险治理:IRGC 框架
谁来买单:城市巨灾的公共产品属性
大自然的震怒
来自市场的呼唤

任何一个民族、任何一个国家都需要学习别的民族、别的国家的优秀文明成果。中国要永远做一个学习大国，不论发展到什么水平都虚心向世界各国人民学习。

——习近平总书记 2014 年 5 月 22 日在同外国专家座谈时的讲话

在全球化与现代化叠加的进程中，我们以世所罕见的规模、速度推进城市化，取得了辉煌成就，但也累积了不少问题和潜在风险。中国正处在"两个一百年"的历史交汇点，人类经历百年未遇的重大疫情，世界百年未有之大变局向纵深演变，我国城市发展面临更加复杂的局面，政治、经济、文化、社会、生态、科技以及人们生产、生活、生命所面临的"蝴蝶效应"式未知风险，受到了空前关注并引起了人们的深深焦虑。在为城市风险治理找寻答案时，视野所及也不该仅限于国内，国际城市风险治理的一般共性中依然可以寻觅可供我国城市风险治理借鉴的有益启示。

城市风险治理：IRGC 框架

在我们所熟知的保险风险治理的"一般"框架（事实上是一个局部框架）中，保险的目光总是停留在对风险造成的物理性创伤的处理上，而选择性漠视风险造成的非物理性创伤。鉴于这种保险机制上的缺憾,随着社会经济发展需求的变化,我们必须做出相适应的改变,否则就无法建立"止灾于日常"的常态化风险管理机制。

如何使得风险管理走向"止灾于日常"的常态化,我们首先要做的就是转变思维方式,搭建起常态化风险管理的一般性框架。这个框架具有全流程、全方位、全领域的治理功能,涵盖了从风险源头到损失补偿的每一个环节,是在风险不确定性中寻求确定性的治理条件和方式。

2005年,德国斯图加特大学环境社会学教授奥尔特温·雷恩(Ortwin Renn)及其研究团队在国际风险治理理事会(International Risk Governance Council,IRGC)年会上提出了IRGC风险治理框架,从更广泛的社会、文化脉络视角来思考风险治理,并提出相应的解决策略与具体方法[①]。IRGC风险治理框架的重要特征就是风险治理决策不应仅仅基于简单的风险事实,还需要综合考虑由个人、社会所延伸出的风险感知、伦理或价值判断,树立风险治理的共同信念,构建风险治理的社会环境,形成更为一般条件下的集体共治。

IRGC风险治理框架(图3-1)由预评估、风险评估、风险描述和评价以及风险管理四个相互关联的环节和贯穿于四个环节的横切面部分组成。

(1) 预评估,识别和确立风险治理的重点问题,以刻画关于风险的潜在策略。

(2) 风险评估,对危害物和风险特征进行科学的评估,并从技术和理解层面评估风险产生的原因和造成的后果,以明确风险问题是否需要加以处理,及处理的具体措施。同时,综合考虑风险的来源、价值判断、公众参与状态等因素。

(3) 风险描述和评价,做出关于风险及风险管理必要性的判断,以确定风险的重要性和可接受性。

(4) 风险管理,设计并评估方案的可行性,选择最优的风险管理方案

---

① IRGC风险治理框架参考IRGC官方网站相关资料,https://irgc.org/。

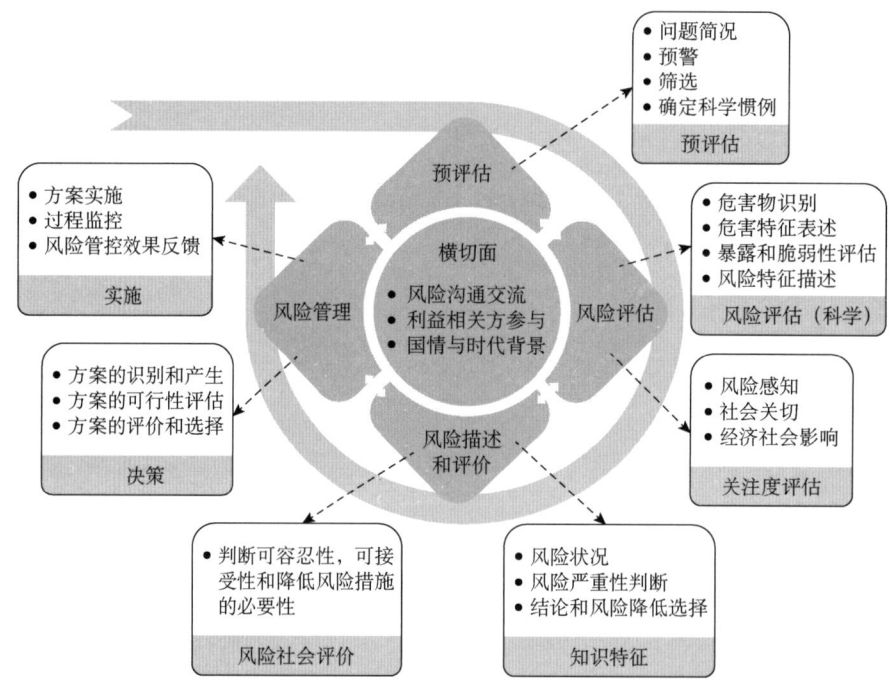

图 3-1　IRGC 风险治理一般框架

进行实施,决定风险治理的策略与行动,进行过程监测,并对风险管控的反馈效果进行反思总结。

(5)横切面,以风险沟通、利益相关者参与、国情与时代背景为核心内容,贯穿于风险治理全流程。

在这四个环节中,第一环节和第二环节要完成的任务就是见微知著,防患于未然,捕捉风险火种,扼杀风险苗头。当风险产生时,不仅仅要关注风险本身的特征并进行科学评估判断,也要从社会对风险的关切以及对经济发展的影响等多个角度去评估风险的外部性,进一步地,在第三环节和第四环节对风险进行描述和评价,做出风险治理决策并实施。贯穿其中的就是在时代背景下,让更多的利益相关方参与到风险治理过程中,以及做好风险的沟通。

在 IRGC 风险治理框架中,尤为重视事前风险预防,而在传统的保险风险治理中,这往往是我们有意或无意(当然这当中存在认知的问题)忽视的环节。个人、社会所延伸出的风险感知、伦理或价值判断等因素也被纳入风险治理的考虑因素,城市主体的风险关切也得到了回应,这难道不是现实社会中保险在作用于风险治理时恰好缺失的吗?我们只注重风险事实,却忽视了人的感受!

拓展阅读　　　　　风险评估与交通灯信号模型

城市风险往往具有复杂性、不确定性和模糊性,这给城市风险量化评估带来了较大的麻烦。在城市风险管理中,IRGC所采用的一种风险的评估模型被称为"交通灯信号模型"。[①]

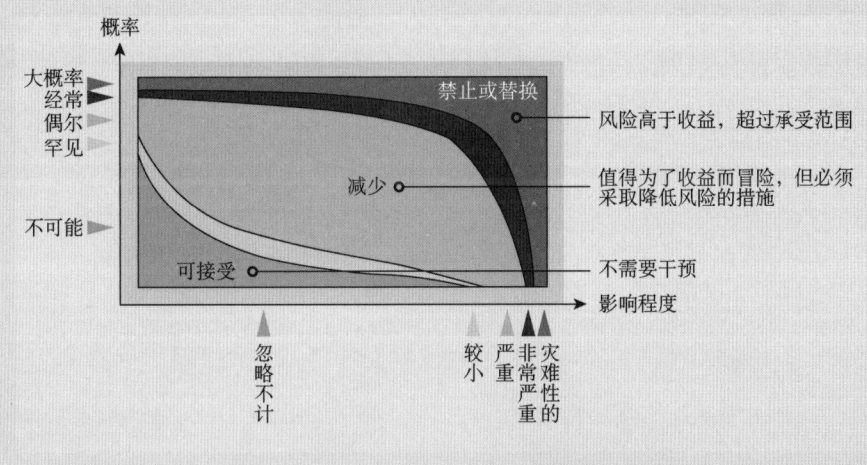

图3-2　交通灯信号模型

交通灯信号模型是按照风险发生的概率和严重程度对风险进行分类,事先对风险可接受性进行判断,帮助决策者进行风险管理抉择。若风险落入"可接受"区域,则认为风险是可以接受的;若风险落入"减少"区域,此时虽然风险可能带来收益,但是仍需要采取措施降低风险;若风险落入"禁止或替换"区域,则认为风险是不可容忍的,必须合理规避风险。

---

① IRGC官方网站中介绍IRGC风险治理框架的公开文件 *Introduction of the IRGC Risk Governance Framework*。

风险瞬息万变,用静态的视角看待风险,治理必然是有缺憾的。为此,克林克和雷恩在静态 IRGC 风险治理框架添加中了一个动态的、适应性的"组件"——多学科评估和总体评价,尤其注重对人力资源、社会资本、财政金融、技术物资、制度手段等条件的评估,强调专家、社会与制度的协商融合,将风险治理过程的适应性和综合性,与有能力从以前和类似的风险处理经验中学习以应对当前和未来的风险问题相联系,从而实现动态风险治理。

改进的框架明确了四个核心功能:①在风险治理周期中系统地补充相关的风险治理能力;②应对不同阶段的不确定性的一般性挑战所引起的脆弱性;③在风险治理结构中提供适应性和灵活性,以应对低估风险可能造成的实际结果或预期后果;④提高风险治理系统的复原力或韧性,增强风险处理的基本职能和提升风险处理的抗干扰能力。动态 IRGC 风险治理框架如图 3-3 所示。

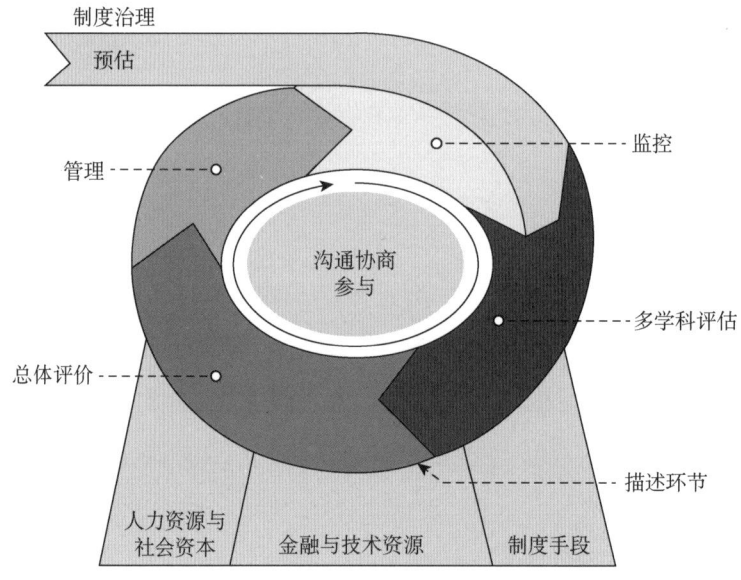

图 3-3 动态 IRGC 风险治理框架①

---

① IRGC 官方网站中介绍 IRGC 风险治理框架的公开文件 *Introduction of the IRGC Risk Governance Framework*。

专家们借助动态 IRGC 风险治理框架研究转基因作物风险、自然旅游带来的风险、食品安全、能源安全、大坝建设安全、纳米技术风险的治理等。通过在不同领域的应用测验,发现这套风险治理框架的的确确是一剂"良药",能够满足不同领域的风险治理需求,实用价值极高。究其原因,这种具有普适性的风险治理框架体现出全域化的特点,并将各个部分之间的关系和影响也清晰地展现了出来,尤其是详细规定各个部分的操作要点和组成部分,因此能够对应对各类风险提供更为详细的指导。

事实上,IRGC 风险治理框架所传达的理念就是,风险是经济社会发展的必然产物,风险治理的恰当之处就是要贯穿风险事前预防、事中控制、事后应对的全流程全周期管控。在风险治理过程中,保险是否也该如此?以此为参照,我们会发现,保险的风险治理仍处于"局部"均衡中。保险习惯于被当作工具使用,而缺少自主的机制意识,在城市风险治理中,具有"边缘化的人格意识"。除此之外,IRGC 风险治理框架中所体现出的强化风险沟通、达成风险防控共识、多视角研究风险和科学施策以及风险治理主体和治理手段的多元化,也是保险作用于城市风险治理时所欠缺的。补足这些短板,正是保险作用于城市风险治理时提升自身存在感所需要不断努力的地方。

谁来买单:城市巨灾的公共产品属性

你会愿意为在公园里的长椅上歇脚而付费吗?显然是不会的,因为公园里面的长椅是一个免费的公共物品。但如果这个公共物品由市场提供,市场就会选择让消费者买单。可以预见的是一旦开始收费,这把长椅的命运也就将随着市场化的方式而结束。同样的道理,城市巨灾是一项公共产品,城市风险治理则是一项公共服务,基于城市巨灾风险治理的巨灾保险产品同样具有公共产品属性。完全市场化运营的结果就是,消费者必须支付高昂的保费,而这突破了市场机制的议价能力,于是政府的力量在城市巨灾风险治理中就显得尤为宝贵,成为"止灾于日常"的常态化风险治理中不可或缺的力量。

在全球建立巨灾保险制度的国家和地区中,美国是巨灾保险制度发展最为健全的国家之一。而在美国的巨灾保险制度中,最具代表性的是洪水保险制度,该制度的核心就是国家洪水保险计划(The National Flood Insurance Program,NFIP)[①],其最大特点就是由政府主导强制购买,全国保费实现统一定价,国家充当保险人,而私营保险公司相当于其中的分销渠道。

时间回到 20 世纪 20 年代,那时生活在美国泛洪区的居民饱受洪水的困扰,而市场上相关的保险产品相当稀少,当地居民只能寄希望于社会救援和慈善救助。为了改善这种局面,1936 年美国制定了《洪水控制法案》,建立起政府洪水基金制度,用于灾前修建防洪设施和灾后赈灾救济。然而,洪水基金制度成本高昂,政府财政不堪重负,最终流于形式,名不副实,联邦政府不得不寻求其他分散风险的途径。

1965 年,贝齐(Betsy)飓风肆虐美国南部的佛罗里达州和路易斯安那州,由此引发的洪灾给两州造成了数十亿美元的损失,联邦政府财政支付大量资金用于灾后救助。痛定思痛,国会重提洪水风险管理,开始与联邦政府和保险公司协商进行洪水保险计划的可行性研究。1968 年,国会通过了《国家洪水保险法》(National Flood Insurance Act,NFIA),并于 1969 年通过了配套的《国家洪水保险计划》,从此,洪水保险在美国真正开始实施。该法案规定,仅向愿意参加国家洪水保险计划的社区提供由联邦给予补贴的洪水保险,参加该计划的社区必须按照法律要求加强区域内的土地利用与防洪管理,如限制洪泛区的土地开发、洪水风险区的建筑迁移与改建等。除此之外,该法案确定的社区统一购买模式、保费补贴的限制原则等规定都为美国洪水风险分散法律制度打下了基础。

但是,这一新创立的制度同样有着难以忽视的缺陷:洪水保险参与

---

① 中国保险报·中保网. 美国洪水保险制度[EB/OL]. (2014-05-08)[2021-08-03]. http://www.cbimc.cn/zt/2014-05/08/content_109176.htm.

自愿制使得很多社区由于不愿承担保费而缺乏参与热情;洪水保险费率图的缺位使得不同社区保险费率的厘定存在较大差异性。因此,国家洪水保险计划的推广过程并不顺利。1973年,美国国会通过了《洪水灾害防御法》,这一法案的最重要内容是将国家洪水保险计划由自愿模式改为局部强制模式。此后,通过数次修改以及随着其他配套法规的相继出台,美国逐渐建立起一套行之有效的洪水保险运作模式,洪泛区管理水平提高,洪灾损失降低,灾后救济及重建工作也有了质的改观。

美国国家洪水保险计划由三个部分组成:洪水地图、国家政策和保险。洪水地图是常态化风险监控的重要平台,也是国家政策和保险购买的理论依据,用以判断哪些地区属于泛洪区、洪水的危害大小以及是否需要购买保险;国家的政策用来引导防洪区建设规划;保险为泛洪区的风险管理提供风险保障。在这套制度中,我们可以看到美国鲜明的政府主义色彩,通过强有力的立法稳步推进洪水保险制度,通过与商业保险的合作促进洪水保险的健康发展,通过社区购买的方式提升整体公共福利。借助市场化的风险分散方式,美国政府既减轻了赈灾财政压力,又使得保险市场实现良性发展。

实际上,美国国家洪水保险计划的设立宗旨从来就不仅仅是赔付损失,更多的是预测风险,将损失降到最低。这一初衷的实现来自立法、科技进步、既往的历史经验和对保险认知的提升,而这一切集中体现在洪水地图科学,以及由此达成的洪水共治的集体信念。美国国家洪水保险计划体现了政府在公共产品供给方面的独特作用,也展示了IRGC风险治理框架中风险治理的社会价值。

大自然的震怒

地震是大自然的反噬,远比电影里要恐怖得多。那些经历过大地震的人、事、物的确在外表上看来已经恢复了往日的平静祥和,但灾难亲历者心中的创口或许永远都无法完全抚平。这正是当前城市巨灾保险中不可忽视的问题——如何关怀受灾者的非物理性创伤。

"它把整片森林连根拔起,再把它们抛到数英里外的内陆。它掀起路边的碎石,像舞动缎带一样甩来甩去。它把房子从地基处扯断,把轿车、卡车、轮船和一具具尸体抛到高楼楼顶。"这是纪实作品《巨浪下的小学》里面描述海啸的场景,而这场海啸正是伴随着日本"3·11"特大地震而产生的,"海啸不会放过任何东西,也没有什么爆炸可以与它带来的超现实破坏力相提并论"。这种灾害带来的令人心悸的巨大恐惧,让人感觉整个城市仿佛会在一瞬之间沉没在汪洋之中。众所周知,这场海啸还导致福岛第一核电站三个机组爆炸,令震后救援和重建工作的复杂程度陡然上升。在人类和平利用核能的历史中,"福岛核事故"是继美国三哩岛核事故和苏联切尔诺贝利核事故之后的又一次重大核事故。

Netflix纪录片《未解之谜》(*Unsolved Mysteries*)记录了"3·11"东日本大地震后灾区居民遭遇的灵异事件,人们述说着自己见到了像幽灵一样的陌生人和死去的亲人,"不安的亡灵游荡人间",某种意义上,灾难永远撕裂了当地社区。幸存者只能依据受伤害的深浅程度被划分成不同的群体:失去家人的和没有失去家人的,找到家人遗体的和没有找到家人遗体的……

作为世界上地震发生最频繁的国家之一,日本有着地震带来的挥之不去的伤痛,我国也如此。20世纪日本发生的6级以上的地震占全球的26%,而我国占30%,可以说中日两国在地震灾害上是难兄难弟,20世纪发生在两国的6级以上地震次数之和占全球的50%以上,中日两国因地震造成的死亡人数也较多,占全球的70%左右。其中,20世纪中国的地震死亡人数占全球的50%。

你永远不可能完全消除灾难造成的死亡和破坏,但可以选择将灾难的破坏力降到最低。

迄今为止,我们还无法准确预测地震的发生,但是伴随着建筑抗震标准的提升、抗震设计与技术的进步、常态化防灾演练、地震知识普及,灾难应对机制正日趋成熟,我们抵御自然震怒的能力大大提升。就日本建筑抗震水平而言,要求建筑在地震中即使翻滚也不会因毁坏而压死人,神户大地震后"不死鸟计划"的实施、新潟大地震后的创造性重建等都成为全球地震后重建的典范。值得学习的是,除了建筑设计的提升,日本还会举行周密的抗地震演习,学生从低年级开始就从正规课程中学习有关地震的知识,这无疑是非常正确的。

地震保险制度的建设对于日本来说,同样也是不可或缺的[①]。日本的地震保险制度采用的是政府和市场合作的模式,分为住宅和商业两种,而通常所说的地震保险是指具有政策性的住宅地震保险,而其他商业性质的地震保险则是由商业保险市场提供。在地震保险制度中,日本地震再保险株式会社(Japan Earthquake Reinsurance,JER)扮演着商业保险公司与政府之间的纽带和桥梁的角色,成为地震保险制度建设的重要载体。

日本并没有将地震保险设计成独立的险种,而是采用附加险的方式进行推广。这种推广形式颇有"强引导"的内涵,即如果居民购买住宅火灾保险,除非投保人特别提出声明不附加地震保险,并签字确认,保险公司原则上会自动予以附加地震保险。日本地震保险的运作模式也比较特殊,首先是商业保险公司通过火灾保险附加险的方式向居民销售地震保险,然后将承保的地震保险业务全额分保给日本地震再保险株式会社。日本地震再保险株式会社将风险一部分回分给商业保险公司,一部分转分给政府,还有一部分自留,形成了"两级三方"的风险分摊模式。

在日本地震保险制度的运行过程中,政府不断地丰富地震保险制度法律体系,以确保制度的高效运行,在这种政府主导并深度参与的地震保险模式中,借助再保险和证券化两种工具,足以充分地分散风险。同时,政府承诺的损失赔偿责任为总限额的近80%,解决了制度建设中偿付能力的瓶颈问题。我们可以想象,现实中,一场地震就会"摧毁"一个大型的保险公司,完全市场化运行地震保险也便成为天马行空的想象。除此之外,日本地震保险行业也在思考如何提升居民的保险购买意愿。

---

① 中国保险报·中保网.日本地震保险制度[EB/OL].(2014-05-08)[2021-08-03]. http://www.cbimc.cn/zt/2014-05/08/content_109168.htm.

答案便是，保险的设计需要聚焦民生，关注居民的住宅和生活保障，通过差异化的地震保险费率体系，推动住宅建筑标准的提升，以及借助政府税收减免政策鼓励增加投保意愿。当然，由此设计的保险制度，效果也是显而易见的。

其实，无论是美国的洪水保险计划还是日本的地震保险制度，都在强调政府的机制作用。解决具有公共物品属性的保险产品内嵌到经济发展中的问题时，简单地采用市场机制建立的巨灾保险制度往往容易陷入"治理逻辑"和"偿付能力"的双重困境，不是"无疾而终"，就是"形同虚设"。尽管这两种保险计划都采取了各种措施推动巨灾保险建设，意义非凡，但是，恰如前面所提到的，保险制度里还缺失了对灾后受灾者家园重建的温暖和关怀。于是，我们不得不反思，某种意义上这样机械式的城市巨灾风险的保障机制是否真的充分发挥了作用。当一场大灾大难过后，面对内心撕裂巨大伤口的沉默不语的受灾者，在城市巨灾保险制度中，保险做的，不应仅仅是事后经济上的赔付，更应处理好一场灾难带来的损害，不单单是城市的复原，更应该是推动城市"凤凰涅槃，浴火重生"。

来自市场的呼唤

思考一个问题，我们为什么会开发责任保险？答案是，市场的问题交给市场解决。城市的风险中一部分是"天灾"，还有一部分是"人祸"。后者造成的损失往往具有负外部性，通俗来讲，就是容易对他人造成负面影响，当这部分的风险由市场内生消化后，对于市场整体的发展是有益的。责任保险就是这种思维，将风险内生消化，将责任保险作为增进市场发展的一种激励机制，因为在责任保险制度下，明确的责任主体会选择采取各样的措施改善自己的市场行为，并管控风险，让风险不发生或者让风险造成的损失降到最低。

尽管现代保险已经有300多年的历史，但责任保险的兴起却只是近150年的事。1855年，英国铁路乘客保险公司首次向铁路部门提供铁路承运人责任保障,开创了责任保险的先河。进入20世纪,责任保险迅速发展,大部分的资本主义国家都把很多的公众责任以法律规定形式强制投保。第二次世界大战后,责任保险的种类越来越多,产品责任保险以及各种职业过失责任保险层出不穷,在发达的资本主义国家,责任保险已成为制造商和自由职业者的生活必需品。

作为世界现代保险制度的发源地,也是最早将保险制度引入城市风险治理领域的国家,英国理所当然熟练地将责任保险制度嵌入城市的安全发展之中,成为城市经济发展过程中的人为风险重要把关者。英国责任险主要由五大门类构成:雇主责任险、职业责任险、公众责任险、产品责任险和董事责任险。此外,英国还有一些特殊的责任险,包括名誉损害责任险、环境污染责任险等。英国针对企业责任的保险产品体系见表3-1。

表3-1 英国针对企业责任的保险产品体系

保险种类	具体产品	保险责任
企业责任险	雇主责任险	为员工因工作而患病或受伤提供经济赔偿费用,为法定强制保险
	职业责任险	因管理层或员工的错误违法行为而被第三方追究相关责任
	公共责任险	在营业场所、客户所在地或其他地方,对第三方的人身或财产造成损害
	产品责任险	因销售或提供产品而造成的人身伤害或财产损失索赔
	董事责任险	公司董事、合伙人或高级职员的人身财产安全保障和因其过失行为造成的损失索赔
	环境污染责任险	企业因污染物排放、石油或化学品泄漏、废物管理而造成的损失赔偿责任

英国深谙"无规矩不成方圆"的道理,利用法律在许多方面明确并强化企业的民事责任,并将强制投保责任险作为解决相关民事纠纷的重要手段。早在1972年,英国就开始实施《雇主责任强制保险法》,强制性要求除了部分机构(如政府机构、国有企业、国家医疗机构等)外,绝大多数雇主必须为其雇员购买雇主责任险,雇员范围包括正式员工、临时员工

和学徒。1998年,英国劳工部修订了《雇主责任强制保险条例》,将雇主责任险的最低限额规定为500万英镑,企业在购买雇主责任险后会得到保险公司出具的证书。劳工部负责对雇主责任强制保险制度的执行情况进行监督,对于违反规定的企业进行处罚。50年来,雇主责任险在整个英国责任保险中一直占据着最重要的地位。

除了雇主责任险,其他责任保险在英国并不是法律意义上的强制保险,但是英国某些政府部门以及职业组织的规章使得职业责任险成为"准强制保险"。例如,英国金融监管局规定,金融咨询机构必须购买职业责任险,职业责任险成为金融咨询机构事实上的强制保险。英国律师和医师行业也把投保职业责任险作为行业标准,2005年4月英国实施新《公司法》,这意味着公司董事将有可能面临个人破产的风险,这给英国的董事责任险市场带来前所未有的机遇,因为很多企业发现如果不购买董事责任险,就很难吸引合适的人进入董事会。此外,一些英国公司的股票在美国预托证券市场上市交易,这些公司不仅接受英国法律的监管,还要服从美国的《2002年萨班斯-奥克斯利法案》,因此这些公司一般都会购买董事责任险。

除了强有力的法律保障,英国也不断加强监管。健康与安全执行局(Health and Safety Executive,HSE)统一负责政策制定、安全监管、事故调查、工程研究、技术保障等工作。地方政府在健康与安全执行局的指导下,负责对危险性较小的作业场所进行安全管理,如商店、旅馆、餐馆等。此外,在遵循"有限政府"改革的相关要求下,英国进一步减少政府对企业生产的直接管理,将政府部分职能转移给其他组织机构使其成为社会共治的合力(如行业协会、地方企业委员会、工会、公民指导局和有关科研单位),如此一来,形成了多方主体共同参与社会治理的模式。①

---

① 现代意义上的有限政府起源于欧洲的古典自由主义传统。英国大宪章起草于1215年,是有限政府最早的证据之一。这份文件限制了英国国王的权力范围,因为它赋予了英国贵族在王位上可以行使的权力。此处的"有限政府"改革指的是遵循市场经济发展理念,减少政府对市场经济的过度干预。

市场解决市场问题,并不是说以完全市场化的手段进行风险的自我消化。作为对无辜受害人的一种经济保障,英国在利用市场解决市场产生问题的过程中,也借助了政府的推力去化解市场风险。在城市风险治理中,诸多风险损失是市场行为造成的后果,当我们采取积极的手段,如责任保险去改善这种风险行为时,对经济的发展就具备了推动作用,达成了改善个体行为、促进整体受益的最终目的。

第 4 章

理论点位:保险理论的反思与再解读

重新审视保险的价值取向
好与坏:重塑保险价值观
内化:保险价值实现新途径
角色的转换
增进:保险内生化带给我们的
品质保险:说我们想说的一切

重新审视保险的价值取向

每当灾难降临的时候,人们都会产生大量反馈,除了团结协作抗击灾难之外,人们的同情心也会被极大地激发出来。除此之外,人类也从来没有停止过在灾难之后的反思。然而,我们似乎总是关注灾难本身,但对引发灾难的原因讳莫如深,这种状况一直持续着,以致同样的剧情反复上演。离我们最近的新冠肺炎疫情,再次将同样的剧情上演了一遍,而主角仍然是"疫情",但故事发生的原因我们并不明晰。好在今天人类或多或少地意识到了问题的所在,开始大量地进行有关新冠肺炎疫情的研究,这样的研究对科学的意义远远超出人们急需获取的一般知识(认识)。我们如何防止类似新冠肺炎疫情这样的灾难再次发生,取决于我们如何让人们参与到新冠肺炎疫情的防治中,而这又取决于社会给他们输入了怎样的价值观。当前,人们通常认为,引发新冠肺炎疫情的原因,来自人类对自然贪婪无度的索取,使原来寄生在动物身上的病毒因寄生空间环境的不断丧失和破坏,最后不得不以人类为宿主。当我们将导致新冠肺炎疫情的一般知识传达给社会的时候,我们的当务之急是,改变原有认知,建立人与自然和谐共处的新型关系。至于我们如何遏制自身的贪婪,如何与自然和谐共处,需要全人类共同反思。

我们对新冠肺炎疫情这样的灾难比气候变化导致的灾难和吸烟致癌要敏感得多，其中的原因来自我们对风险的理解出现了偏差。以吸烟为例，30年前在美国，女性预期寿命高于男性，一个重要因素是，吸烟影响了男性的健康，导致其预期寿命低于女性，特别是30～40岁之间。然而，随着女性吸烟者的增加，美国男性的预期寿命与女性的预期寿命正在接近。几乎80%的肺癌患者都是长期吸烟者。但现实是，谁也没有将每天吸烟看作一种致癌风险，尽管每个烟盒都在提醒人们"吸烟有害健康"，但也仅限于提醒。相对于吸食毒品，事实上，我们并没有将每日吸烟看作一种风险。气候变化某种程度上就更隐蔽了，我们几乎无法感受到气候变化给我们带来的影响。当我们说北极在缩减、海平面在上升时，正如烟盒上的提示语，我们并没有感受到风险在向我们逼近，或者我们正处于风险之中。只有到了像新冠肺炎疫情暴发的那一天，我们才能意识到肺癌在毁灭我们的生命，气候在惩罚我们的行为。

好与坏：重塑保险价值观

案例一：UBI（Usage-Based Insurance）车险

UBI车险是基于投保人行驶里程和驾驶行为而核定保费的保险。保险公司通过车联网、智能手机和车载自动诊断系统（On-Board Diagnostics，OBD）等联网设备将驾驶者的驾驶习惯、驾驶技术、车辆信息和周围环境等数据综合起来，建立人、车、路（环境）多维度模型对保费进行定价。

UBI车险相较于传统车险，在保障效率和资源配置效率方面出现了质的飞跃。首先，UBI车险能够给保险公司带来合理定价、科学产品设计、精准获客、减少事故发生、赔付率下降、提高产品运营效率等方面的益处；其次，UBI车险能够更加合理地体现出驾驶者的保险和风险转移成本，体现保费的公平原则；最后，UBI车险能够让驾驶行为良好的车主享受更优惠的车险费用，同时激励驾驶人进一步保持良好驾驶习惯。

案例二：巨灾保险制度

巨灾风险是指因重大灾害,包括自然灾害、疾病传播、恐怖主义袭击或人为事故等,造成巨大损失的风险。2014年8月10日,国务院印发《关于加快发展现代保险服务业的若干意见》(简称"新国十条")提出要建立巨灾保险制度,探索建立巨灾保险基金、巨灾再保险制度等,逐步形成财政支持下的多层次巨灾风险分散机制。在多层次巨灾风险分散机制中,处于核心地位的是巨灾保险制度,其中,巨灾保险产品定价是多层次巨灾风险分散机制建设的决定因素。

巨灾保险制度相较于传统财政补偿方式具有显著的优势。首先,巨灾保险能够发挥保险的杠杆作用,放大政府财政投入,形成多层次的巨灾风险分担机制;其次,可以通过相对固定的保费支出稳定和平滑政府财政支出,提升政府财政的计划性和连续性;再次,发挥保险专业优势,帮助灾后快速恢复生产和生活,以及进行灾前风险防范管理;最后,可以多途径形成巨灾补偿资金,强化长期积累,提高损失补偿能力。

讨论保险的好与坏,本身就缺乏一种严谨的科学说辞,但如果我们的讨论局限在保险价值观转变上,那么该命题就变得合理了。回顾保险最激动人心的创新——UBI车险,它在创造出一种全新的车险产品的同时,也让我们看到了其创新价值的另一面——保险价值观的改变。而这种价值观的改变,又为我们建立了衡量什么是好的保险产品、什么是坏的保险产品的标准,进而让保险的保障效率和资源配置效率的评价也随之发生变化,从而形成更富激励性的保险价值体系。如UBI车险是根据人的驾驶行为模式对保费定价的保险保障激励制度。如果每个人的驾驶行为都遵循安全、规范、标准的原则,那么他发生车祸的概率必然将大为减少,这样每年所交的保费也随之减少。UBI车险的精妙之处在于它将驾驶行为与保费绑定,从而约束不好的驾驶行为(你会因为不好的驾驶行为付出更多的保费,甚至有可能无法投保),激励人们采取和养成良好的安全、规范、标准的驾驶习惯,促进交通文明的实现。综上所述,我们之所以将UBI车险看为最激动人心的创新,原因就在于它改变了保险的价值观。如果我们将传统的保险价值观定义为"使坏事变为不太好的事",那么UBI则是"将坏事变为好事"。

而反观城市巨灾保险制度,尽管我们已对其既有的价值系统做出了更加丰富的补充,但由于受约于价值观的基本取向,我们根本无法使城市巨灾保险像UBI车险一样对所有的利益相关者产生激励,达成增进城市发展的集体信念,并最终在城市遭受巨灾之后,通过家园重建,使城市得到更好的发展。在这样的价值观背景下,我们无法将城市巨灾保险称为"好保险"。

按照保险新价值观评判现有的保险产品和制度,我们会产生一种挫败感,即便是作为当前保险最高成就之一的城市巨灾保险和城市巨灾保险制度,也会在新的保险价值观的冲击下不堪一击,这确实让人无法接受。但是,如果以类似的"坏事变好事"的心态去尝试接受新的保险价值观,我们将立刻迎来"柳暗花明又一村"的新天地。回到新的保险价值观的讨论,看看它有何种显著的特征:

(1)它不断地消化风险的量变,目的是遏制风险的质变;

(2)以激励的方式,让利益相关者达成集体信念,并将这种集体信念反馈到保险风险管理中;

(3)增进经济的发展和社会福祉的改善,而不是仅仅局限于损失补偿。这就是新的保险价值观让"坏事变为好事"的价值所在。

如果按照这样的价值观比照我们的保险创新行为,那么,我们就会发现城市巨灾保险及其制度仍可成为我们赖以骄傲的创新。我们只须在现有的城市巨灾保险及其制度上,将家园重建有效地融合进去,从城市巨灾保险及其制度中就会脱胎出一种全新的价值体系和制度体系。新的保险价值观不仅让我们看到了其给城市巨灾保险及其制度带来的变化,也让我们可以将这样的价值观运用到更为广泛的社会领域。例如,对于车祸致大腿伤残的情况,我们在保险合同的设计上,为什么不给予大腿伤残者一份康复保险。又如,当我们以政府的财政资金投保电梯安全责任险的时候,为什么不在商业合同中设定一定门槛,促使其更具市场化和商业化属性,激励更多的保险公司和第三方参与其中。新的保险价值观让保险创新变得更加有迹可循,根本的原因在于它引导着我们能够主动创新,勇于创新。

内化:保险价值实现新途径

城市是经济增长的动力源,风险则内生于经济增长,而经济增长则受制于经济机制的运行。站在风险的角度,经济增长在某种程度上可说是在对风险利用过程中的作用与反作用中实现的。正如风可以使蜡烛熄灭,也可以使火越烧越旺,要实现从"由坏到好",到"由好到更好"(这两个过程,在本质上是一致的)的全新保险价值观,这取决于我们对风险采取何种利用态度。城市、经济增长、经济机制、风险和保险五者之间的关系,让我们看到了未曾有过的保险价值体验。

人们有时会将文化差异分为内敛型文化和外向型文化。体现在教育理念上,有的妈妈们对待小孩所犯错误,采取的是一种"威胁恐吓"式的教育方法:如果你现在不改正错误,将来你会犯更大的错误。而有的妈妈采取的是"内生激励"式的教育方法:你现在改正了错误,将来你会成为最棒的那一个。我们常常听见有的孩子抱怨,妈妈从来不表扬我,即使我做得再好。事实上,孩子们渴望妈妈的表扬,即使在犯了错误的情况下,也希望得到妈妈更多的鼓励。孩子们天生就有一种需要内生激励的"荷尔蒙",妈妈们只要顺势而为,就会激发出孩子们无限的向上潜能。与之相似,从"由坏到好",到"由好到更好",则应是全社会具备的内生激励。

经济机制运行的目的是促进经济增长,在经济增长的过程中释放经济机制功能。经济机制的重要功能之一就是转移分散风险。保险作为经济机制中转移分散风险的功能要素,与经济机制发生紧密联系。然而,经济机制在推进经济增长的过程中也面临着风险,它不仅需要保险为经济增长转移分散风险,也需要为自身转移分散风险,这意味着,保险不再仅仅作为经济机制转移分散风险的功能要素,它完全可以像经济机制一样,独立于经济机制,成为经济增长的重要机制设计。由经济机制的风险转移分散的功能要素向独立的保险机制转变,借助经济增长、经济机制中风险的内生性,而由功能要素的工具属性向内化为机制的属性转变。这种转变正如我们需要以一种内生激励的方式鼓励孩子一样。尽管传统保险中也强调保险的机制作用,但其立足点在于外生的工具属性,而不具有与经济机制之于经济增长一样的内生机制属性。

评价经济机制的标准也使外生的保险机制与内生的保险机制产生了重要的区分。评价经济机制的好坏,其标准包括三个方面:一是提升资源配置效率——过程标准;二是有效地利用信息——方式标准;三是形成激励兼容——结果标准。作为外生工具的保险机制,在一定程度上都能满足过程标准和方式标准,但无法满足结果标准,根本原因在于,现有的外生保险机制设计是围绕着风险损失展开的,如何完善经济补偿是外生保险机制的核心命题。无论作为独立于经济机制的保险机制,还是受制于经济机制的保险机制,从经济机制的评价标准看,外生的保险机制都不是一个好的机制。事实上,现实中越来越多的保险从业者都自觉与不自觉地意识到了该问题。表现的形式,通俗地说,就是追求保险与经济发展的同频共振。然而,按照现有的保险机制设计,要想与经济发展实现同频共振恐怕是一厢情愿,因为,在实现同频共振之前,还缺少一个必要条件——相向而行。而要实现相向而行,就需要首先将保险机制内生化。

推动保险由外化为工具向内化为机制的转变,在实践中已经有了成功的案例,除了上述 UBI 车险之外,首台套(批次)保险的设计理念也是一个激动人心的案例。作为推进创新成果市场转化率的保险机制设计,首台套保险将企业对创新成果运用的风险质疑,转化为一种对创新成果使用的激励,将市场利益相关者对创新渴望的"荷尔蒙"都激发出来。这与 UBI 车险有着本质上的一致。

在推动保险由外化为工具向内化为机制转变的过程中,UBI 车险和首台套保险给了我们额外的惊喜,那就是保险功能边界的扩大,即在保险的经济补偿功能、资金融通功能和社会管理功能之外,还存在着第四大功能——内生激励功能。如果这一功能确为我们所希望的,那么,保险将会以更为直观的方式,改变保险的角色和地位,进而改变保险的功能价值。

我们确信,保险内生激励功能的拓展,具有一个真实的现实环境和相应的逻辑主线。经济增长或发展,是一般化的激励结果,这体现在经济机制的设计标准上,无论是经济机制设计的过程标准,还是方式标准,最终的结果仍是实现激励兼容。而这种激励兼容的约束条件则是帕累托均衡。缺乏激励兼容的经济机制设计,很难达成市场集体信念,从而限制了经济增长。保险机制以经济机制的设计标准为约束,决定了保险机制运行方式所产生的结果,也必须赋有激励属性,而这种激励属性的直观表达,就是内生激励功能。这也解释了为什么我们现有的保险机制无法真实地实现与经济发展的同频共振,其因在于缺乏与经济发展的相向而行,由此,现实中的保险与经济发展只同频,不共振。

以内生为目标的保险机制设计,也将增强城市风险治理的能力,提升城市风险治理水平。当城市作为经济增长动力源的时候,城市风险的治理就显得尤为重要,而保险由外化为工具向内化为机制的转变,将使城市、经济增长、经济机制与保险之间,建立起基于内生激励的同一个逻辑平面,促进城市风险治理因保险机制的内生化,彰显全新的风险治理价值。

角色的转换

基于内生化的保险机制设计,也将促使保险的角色发生改变。受制于机制设计的标准——过程、方式和结果,保险的角色职能和地位为适应城市风险治理过程中的新需求而发生潜移默化的转变。

正如资源配置的过程贯穿于生产、分配、流通和消费的整个过程一样,当风险按照发生、形成和演变划分为三个阶段的时候,其对应和伴随的风险过程管理,也相应地被划分为事前、事中、事后三个阶段。相较于传统保险的事后赔付,在对风险事前、事中、事后的过程管理中,信息的利用效率、广度和深度都将得到极大的提升。在不确定性的环境中,对确定性信息的鉴别、甄选、分析、利用都将得到极大的提高。事实是,当传统保险将信息的开发利用仅仅局限于事后的赔付信息的时候,由于打破了信息内在的"逻辑连贯",信息的利用既不充分,也无法得到最终想要的商业结果,特别是对逆向选择和道德风险的控制。试想,在没有过程信息支撑的情况下,我们如何捕捉得到包含在道德风险和逆向选择中的信息,以及由此造成的道德风险和逆向选择行为?现实中理解这一点并不难,UBI车险就是一个过程信息越来越充分的过程,当保险公司和其他部门在激励所有的汽车驾驶者追求规范、文明的驾驶行为的时候,不规范、不文明的驾驶者就会得到充分的暴露,这为遏制汽车市场的道德风险提供了可行的解决方案。实施过程信息管理,既是遏制道德风险和逆向选择的方式,也是让所有人都变得更好的激励兼容的方式。在信息越来越充分的过程中,事后赔付的保险价值,既封闭,又片面,所顾及的只是个体暂时的损失,而关乎个体灾后发展的所有激励却无一例外被搁置。

当我们将事后赔付的保险风险管理纳入事前、事中、事后更大的保险风险管理视角后,保险的角色也悄然地发生了改变。它不再仅仅是一个产品和服务的供给者,还拥有了风险管理的组织者这一全新的角色。

增进:保险内生化带给我们的

从保险价值的重塑,到机制的内生转化,再到内生激励功能的拓展,最后是角色职能的转换,保险的内生化,较之于此前的传统保险,到底带给我们怎样的惊喜?增进。这是我们不曾意识到的,但却一直是潜伏在保险血脉中的固有品质。

推进保险由外化为工具向内化为机制转变,也促成了保险发展方式的转变。今天，当我们面对新的城市风险治理需求的时候，推进保险发展方式的转变，不应再被当作局限于损失补偿的功能性范畴内讨论的话题，而应在经济发展的宏观背景下对此进行讨论。打破现有的封闭的保险价值观，采取开放的保险价值观，将经济发展与发展方式转变之间存在的逻辑关系，复刻到经济发展与保险发展方式转变的逻辑关系中，同时，将一般意义上的经济发展方式转变，之于经济发展的增进作用，当作保险发展方式转变的目标，那么，保险带给我们的就不再是简单的损失补偿，而是推进经济发展的重要动能。

基于损失补偿的保险发展方式，是一个封闭的发展方式，对损失事实与结果的认定，几乎剥离了保险所应成就的资源配置、信息利用和激励兼容的价值，这意味着保险处于一种封闭和孤立的状态，它违背了经济发展的开放价值观，也背离了发展方式以增进为目标的基本原则。经济发展的向前意识，与传统保险的"维持性"原则，因对保险发展方式存在不同的理解与要求而发生从认知到实践上的冲突。

发展方式是机制、功能、角色的集中体现，让参与发展过程的每一个人都变得更好则是检验发展方式的一般性标准。从本质上看，更好与增进完全可以相互替代。让保险拥有发展增进的作用，是经济发展与保险发展之间相互关系的最终反馈，这一关系的约束条件是增进。即保险只有拥有了增进的经济发展属性，才能真正融入经济发展的增进目标中。而这一切均有赖于保险的内生化，有赖于以内生化为基本条件的保险发展方式的转变。

增进是我们重新认知保险、实践保险的目标。如何发挥保险在经济社会发展中的增进作用？保险发展方式的转变是表征，内生化则是实现保险发展方式转变的途径。当我们在增进这一框架下讨论保险价值观、制度、机制、功能、角色和其他方面的问题时，其结果有时并不重要，重要的是过程，以及由此产生的重新认知，即保险能激励我们的创新愿望。

品质保险:说我们想说的一切

无论是企业家创新精神的释放,还是普通老百姓对美好生活的追求,乃至城市发展的终极目标,增进成为一种集体共情,并延伸出对更加美好产生集体追求的共同信念。

2021年,当《中共中央 国务院关于全面推进乡村振兴加快农业农村现代化的意见》将完全成本-收入保险作为提升农民生产、生活风险保障的重要手段的时候,传统保险发展方式面临着新的转变。传统保险,要么对成本损失实施赔付,要么对收入损失实施赔付,但当成本和收入要在一个框架下解决,传统保险就显得力不从心。那么,解决该问题只能依赖于以增进为目标的保险发展方式的转变。

下面这个案例,可以将问题简单化。假设A手机的制造成本为800元,而B手机的制造成本为1 000元,但A手机的市场售价为1 600元,而B手机的市场售价为5 000元。A手机的市场盈利为800元,而B手机的市场盈利却是4 000元。尽管B手机的制造成本高于A手机,但B手机的市场盈利能力却远高于A手机。那么,比较A手机生产厂商和B手机生产厂商,谁会更在乎成本呢?显然,A手机生产厂商会更在乎成本。这意味着,如果我们有一个更高的收入,我们就能更好地消化成本。特别是在生产资料成本不断上涨的今天,我们更需要用收入消化不断上涨的成本。

品质保险就是以增进为目标的保险发展方式转变的具体应用场景。我们知道,在完全成本-收入保险提出之前,保险有关收入的险种,主要是农产品价格指数保险(此外还有保险+期货①)。这一险种的机制设计

---

① "保险+期货"是一种创新型的农业风险管理工具。农户购买农产品保险,一旦遭遇天灾触发价格承诺条款,将由保险公司赔付亏损,而保险公司则通过购买期货公司产品转移赔付风险,实现"再保险",形成风险多方共担的利益格局。

就是通过对农产品价格的市场波动所造成的收入风险评估实施赔保。然而,这一机制解决不了完全成本-收入保险所面临的问题。品质保险则另辟蹊径,它不以农产品价格为保险标的,而是以标准为标的。以柑桔为例。柑桔的营养价值以维生素 B_1 为主,如果保险以此为标的,它会带来怎样的变化呢?如果柑桔的维生素 B_1 含量越高,则品质越好;品质越好,则价值越高。于是,在柑桔的生产、分配、流通和消费过程中,几乎每个环节上的经济个体都会有一种内生的激励,追求更高的"价值信仰"——让柑桔中维生素 B_1 的含量维持在一个可保的标准之上。比如,农民在种植柑桔的过程中,就会更加注重种源的品质,更加注重柑桔的种植管理,更加注重农业科技的运用,从而实现更高的收入。当维生素 B_1 含量一般的柑桔为 5 元 1 斤,而维生素含量更高的柑桔售价为 5 元一个的时候,你会选择售卖哪一种柑桔?这就是品质保险机制设计的奥妙之处,让增进成为柑桔生产、分配、流通、消费中每个经济个体的集体共情,从而实现完全成本-收入保险的价值。

在实施品质保险的过程中,保险的角色也会发生重大的转变。ISO 农产品质量认证标准,注重的是农产品生产过程的质量规范。农产品绿色有机认证则注重的是质量等级认证。但它们都面临着一个共同的缺憾,就是无法证明每一件落入消费者 C 端的产品,都是符合它们所认证的结果(或预期)的。例如,某知名品牌车,虽然经过了 ISO 的质量认证,但却经常有消费者投诉其发动机漏油,还酿成了"车闹"的公共事件。农产品绿色有机认证也面临着同样的问题,特别是有机农产品认证。然而,当我们拥有了品质保险的时候,这些问题会迎刃而解。其解决方案是将 ISO 和绿色有机认证当作品质保险机制设计的环节,并在此基础上,开发出相应的适用于保险理赔的"品质保障标准",形成构建在 ISO、绿色有机认证标准之上的标准。在这一过程中,保险的角色已不再仅仅是一个品质保险产品的供给者,而是制定更高标准的组织者。这不仅在解决完全成本-收入保险上更进一步,而且决定了保险在经济社会发展中完全可以扮演更为重要的角色。

品质保险所拥有的增进作用,也会在农业大数据方面得到反馈。当我们提到柑桔的维生素 B_1 的时候,实际上,它正在改变数据资产的结构,引导数字科技向着数据的定制化方向发展,从而进一步提升数据资产价格。这对农业生产尤为重要,为增加农民的收入开辟了另外的渠道,对我国现代农业,甚至是后农业时代的发展都将产生重要的影响。

当我们将对保险的全新认知和实践浓缩在品质保险中的时候,保险在城市风险中的角色重塑又何尝不是如此?这就是我们关于品质保险想要说出的一切。

第5章
创新实践:转变发展方式的价值与取向

走过的瞬间

保险实践的理想之城

寒冬里盛开的腊梅花

以自由看待保险

新格局、新思维、新方法

保险科技:零星灯火中的绮丽

保险监管:权衡中的与时俱进

在缤纷的世界里徜徉

走过的瞬间

斯大林在《无政府主义还是社会主义》中感叹:"世界上没有什么永恒的东西,一切都在变化,一切都在发展。"人类历史如是,认识历史的方式、手段亦如是。自改革开放后,我国保险业虽经历了高速低质的粗放式发展阶段,导致"跑、冒、滴、漏"等一系列问题,但这一时期也为保险业的恢复和发展打下了坚实的基础。好在所有的"不规范"中都孕育着一条走向规范的道路,所有的改革阵痛之下都隐藏着春暖花开、冰面破裂的声响,昭示着在日复一日的纠偏中曲折前行。

以1980年国务院批准恢复保险业务为起点,中国保险业经历了从无到有、从小到大的四十多年的改革发展历程,从复业初期市场规模远低于世界平均水平,到跃居全球第二大保险市场,仅次于美国,中国保险业开创了筚路蓝缕以启山林的丰功伟绩。如果将中国现代保险业发展史拍摄成一部纪录片,那么我们接下来回顾的保险业重大改革,剧情无疑精彩纷呈。

2006年对于中国保险业来说是极不平凡的一年。当年3月,《机动车交通事故责任强制保险条例》颁布,我国首个由国家法律规定实行的强制保险制度就此诞生,"交强险"成为老百姓耳熟能详的专有名词。当我们以工具属性看待保险,很难理解国家为何将购买交强险上升为公民获得路权所需履行的前置义务,而"剥夺"公民在交通事故赔偿责任方面选择自留风险的权利。但是,当我们用保险内生化视角加以审视,一切就会豁然开朗。仅2019年,我国发生24.8万起交通事故,造成超过6万人死亡、25万人受伤,直接经济损失13.5亿元,试想如果没有保险机制嵌入其中,将会看到怎样的图景?道路因推诿扯皮变得水泄不通,伤者因维权困难无法得到及时救治,案件面临高昂执行成本,长尾风险让脆弱性个体在道路上战战兢兢。交强险和商业车险如同一只安全气囊,缓冲意外交通事故造成的财务冲击,使更多家庭有条件享受汽车给生活带来的便利。

2006年6月,被誉为"国十条"的《关于保险业改革发展的若干意见》(简称《意见》)经国务院发布,对保险具有的经济补偿、资金融通和社会管理三大功能进行了"官方认证"。《意见》明确指出,要加快保险业改革发展,着力解决保险业与经济社会发展和人民生活需求不相适应的矛盾,积极引入保险机制参与社会管理,有效化解社会矛盾和纠纷,将保险纳入灾害事故防范救助体系,强化事前风险防范,减少灾害事故发生。这些政策指出保险在国民经济社会发展中不仅仅是"风险搬运工"和"资本传送带",而应扮演更加重要的角色。现在,保险内生化初见端倪,犹如一只远航归来的帆船,已经看得见桅杆。

此后,政策性农业保险、城乡居民大病保险、保险公司偿付能力监管等重大改革措施陆续出台,保险的春天似乎正在降临。每一位保险业界人士都为此信心大振,却鲜有人注意到长期徘徊在保险业上空的两朵乌云:前者是销售不守诚信、承保不畏风险、经营不计成本的市场乱象,后者是变相高息揽储、资产负债期限错配的野蛮资管。为了引导保险业健康发展,国务院于2014年发布"新国十条"即《关于加快发展现代保险服务业的若干意见》,进一步明确保险功能定位和行业发展目标,提出到2020年基本建成保障全面、功能完善、安全稳健、诚信规范,具有较强服务能力、创新能力和国际竞争力,与我国经济社会发展需求相适应的现代保险服务业,努力由保险大国向保险强国转变,使保险成为政府、企业、居民风险管理和财富管理的基本手段,成为提高保障水平和保障质量的主要渠道,成为政府改进公共服务、加强社会管理的有效工具。功崇惟志,业广惟勤。在此目标引领下,我国保险业进入由传统模式向高质量、精细化、专业化发展的转型过渡期。

在正式迎来黎明前,我们还需经历短暂的黑暗,笼罩在保险业上空的两朵乌云最终还是演变成为瓢泼大雨,2016年"宝万之争"[①]、2018年"安邦爆雷"事件[②]再次引发"保险到底姓什么"的追问:当我们沉浸在业务KPI、市场份额、盈利指标和投资回报当中不可自拔时,是否仍然可以坚守初心和使命,做到商业价值"本我"与社会价值"超我"的协调统一和相互促进呢?

这些走过的瞬间呼唤着同一个旋律,保险的生命力在于且仅在于帮助个体更加充分、理性和有效地认识风险、分散风险、抵御风险、化解风险。四十多年风雨兼程,中国保险业过去是小池塘,如今早已汇聚成汪洋大海,应当以更加宽广的胸襟撑起涓涓细流的信任和托付。我们今天在此呼吁重塑保险在城市风险治理中的内生激励功能,让保险与国家经济社会发展同呼吸,与人民追求美好生活共命运,这不是唱高调门求关注、引流量,在历史因素和现实条件的共同作用下,保险在中国特色社会主义新时代的最强音已经呼之欲出。

保险实践的理想之城

今天,中国经济社会发展的一个显著特征,就是在市场经济中多了一

[①] "宝万之争":指2015年到2017年之间深圳市宝能投资集团有限公司(以下简称"宝能")与万科企业股份有限公司(以下简称"万科")的股权之争。宝万之争中以宝能系旗下前海人寿保险股份有限公司为代表的保险企业在二级市场连续举牌,企图利用保险资金优势来实现对上市公司股权的控制受到资本市场关注。

[②] "安邦爆雷"事件:2018年中国保监会发布《中国保监会关于对安邦保险集团股份有限公司依法实施接管的公告》。安邦保险集团股份有限公司(以下简称安邦集团)原董事长、总经理吴小晖因涉嫌经济犯罪,被依法提起公诉。鉴于安邦集团存在违反保险法规定的经营行为,可能严重危及公司偿付能力,为保持安邦集团照常经营,保护保险消费者合法权益,依照《中华人民共和国保险法》第144条规定,中国保监会决定对安邦集团实施接管。

份人文关怀下的理性选择。从扶贫攻坚到公共服务均等化,再到帮扶中小微企业,最终走向共同富裕,这些抉择都集中体现了党的十九大报告等重要文件所树立的以人民为中心的发展观。以人民为中心的发展观也理应成为保险在新时代新征程中实践于经济社会发展的理想之"城"。

尽管十九大报告没有直接将保险在以人民为中心的发展观中所扮演的角色固化下来,但报告中隐含的逻辑关系,却将保险的重要性提升到前所未有的高度。

要落实以人民为中心的发展观,就必须解决好新时代社会的主要矛盾,而要解决好新时代社会的主要矛盾,就必须以实现高质量的发展为前提。高质量发展不应被片面地理解为高质量的经济发展,还必须包含高质量的社会保障。然而,没有高质量的经济发展,高质量的社会保障就会成为无源之水;没有高质量的社会保障,高质量的经济发展就会成为无本之木。高质量的经济发展和高质量的社会保障其逻辑交合之处,就是为谁而发展。以人民为中心则回答了该问题。作为高质量社会保障的重要组成部分和支撑,保险在其中发挥着重要的、独特的机制功能作用,直接关系到高质量发展的目标实现,是落实和体现以人民为中心的重要场景。

当以人民为中心的发展观成为审视保险发展的理念时,保险的经济社会实践不应局限在一城一池、一地一渊,而应以"全域保险"的方式,尽可能地覆盖涉及以人民为中心的所有领域。所谓"全域保险",就是以人为本,将保险全领域、全流程、全方位地嵌入经济发展、社会治理和民生保障之中,充分发挥保险的风险保障机制功能作用,着力提升人民的安全感、幸福感和获得感。以"全域保险"的发展理念服务于以人民为中心,从而拓展保险在经济社会实践中的运用领域,让"保险+"不再是一个符号,而是真切适宜的必需品。

当实践"全域保险"和在经济社会发展中嵌入"保险+"变得不再让我们陌生的时候,一种新型的社会形态——保险型社会就会悄然而至,而由保险型社会衍生出来的保险型城市也会为我们所熟悉。作为我国唯一的国家保险创新综合试验区,宁波正沿着建设保险型社会和保险型城市的道路快速发展。尽管距离建成保险型社会和保险型城市的目标仍有较大差距，但这种与本文所倡导的保险发展新方式一致的创新探索，使我们的理论分析和实践检验达成了高度的一致，成为保险实践的理想之城。城市发展也因此日渐趋于这样的理想状态，即成为韧性的城市和拥有城市的韧性。

寒冬里盛开的腊梅花

与银行相比较，保险总是为自身雪中送炭的产业特征骄傲，并以同舟共济、互济互助的方式向社会展示着自己社会责任感和同情心。在你受危的时候，保险送上一份关怀，帮你渡过难关。市场经济的冷漠不相信眼泪，但此刻你会相信保险是有温度、有情怀的。市场经济中拥有的这份人文关怀，确实让保险有着别样的市场价值。

然而，理想很丰满，现实却很骨感，老百姓用最朴素的方式对此表达了诘问和质疑。尽管专家们用他们专业的知识向公众转达信息，塑造着保险的品质，老百姓却并不买账。在绝大多数人的眼里，保险就像花言巧语的广告，有着华丽的外表，但缺乏真诚。这种状况并非暂时现象，而是持续了很长一段时间，一直困扰着保险业的发展、商业行为和行业价值。

为什么保险的价值在公众的眼里会呈现这样的一种悖论——锅里烧着肉，端起碗骂娘？这种反差着实让保险人有点委屈，委屈得只能自嘲式地解释——需要对公众普及保险知识，告诉公众，保险虽不是灵丹妙药，却能让在风险中逡巡的城市坦然前行，为暴雨中忘带伞的行人搭起一片躲雨的屋檐。然而，这样的回答总是不入心的，因为保险人们忘却了一条最为根本的原则——让保险的价值能够被社会公众看得见摸得着，更具有真实感，这恐怕是最为有效的专业知识普及。

问题的根源到底在哪？我们不得不说，保险缺乏了一种理想，一种与时俱进的理想。这倒让我们想起了寒冬里盛开的腊梅花。不错，保险有一种功能叫经济补偿功能，当人们遭灾遭害的时候，保险即使谈不上无私,也用双手送去了温暖。但如果寒冬仅仅给予腊梅以滋润,而无法让其花香四溢,并引来春天的百花争艳,那么,腊梅的生命意义又何在呢?生活中,我们帮助他人,最好的方式是授人以渔。当人们遭受灾难的时候,保险除了应具有共克时艰的功能价值之外,还要为人们架起一座通往未来的桥。

小平同志说,发展是硬道理。这句经典名言,让思想实践的深邃变得通俗易懂,它强调:一是用发展的眼光去看待发展中的问题;二是一切问题的解决,最好的方式是在发展中完成;三是只有坚持发展,才能实现我们想要实现的目标。今天保险在反思其价值的时候,提出要回归保险的本质,不能成为金融的附庸,这被看作是解决保险多年来面临困扰的均衡解。这当然是件好事,也是保险正本清源的行动解决方案,但仅仅让保险回归自身的本质,只是解决了"保险是什么"的问题,我们仍然应进行以何种方式实现保险自我发展的战略性思考和相关实践。如果我们不能将"保险是什么"的问题,纳入保险自我发展的总体框架并寻找解决方案,困扰保险发展的问题就无法从根本上得到解决。

当我们将保险现实中面临的一系列问题聚焦于发展的时候,保险的创新实践也就自然不再仅仅止步于经济补偿,而是聚焦于发展增进,聚焦于搭建一座通往未来的桥。这意味着,保险不仅可以雪中送炭,还能锦上添花。

腊梅花不与百花争艳,却启动春天的万物复苏,这是腊梅花生命意义之所以伟大的最好解释。

以自由看待保险

诺贝尔经济学奖获得者阿马蒂亚·森(Amartya Sen)在其代表作《以自由看待发展》[1]这本书中,讲述了一段令他终生难忘的经历。小时候的

---

[1] 阿马蒂亚·森.以自由看待发展[M].任赜,于真,译.北京:中国人民大学出版社,2002.

一天下午,当他正在达卡市(今为孟加拉国首都)家中的院子里玩的时候,一个满身鲜血的人从大门跑了进来,他痛苦地叫喊着,请求帮助。这个血流如注的人说他是一个穆斯林,为了挣一点点钱补贴家用,便到附近打工,不料在这个大半是印度教徒的社区被暴徒刺了一刀。他说,他的妻子叫他不要到有敌意的地区去工作,但他不得不出来找工作,挣一点钱,因为他家里已经没有任何可吃的东西了。森讲述这段亲身经历所要表达的一个观点是,经济的不自由会助长社会的不自由,反之社会的不自由也会助长经济的不自由。

森认为,必须把个人的自由视为一种社会承诺,后来在他所提倡的自由的发展观下得到了进一步拓展和深化。这倒是提醒我们:在自由、发展和保险的关系中,我们是否应该设问一下,保险是自由的吗?保险的自由与不自由又会产生怎样的不同发展结果?

保险是自由的吗?这取决于我们站在怎样的角度,采取怎样的标准去衡量,以及保险自身对自由的取向。如果我们以自由的发展观为起点,认为在经济社会发展中,保险并不是分配给它的利益的被动接受者,而是参与发展的能动主体,那么,保险就是自由的。如果保险仅仅取悦那些分配给的利益被动接受者,保险就是不自由的。然而,当我们说"今天的保险是自由的"时候,这种自由却有着致命的缺陷,就是对自由的支配权,正如那个穆斯林进入印度教徒的领地寻找工作一样。谁拥有对自由的支配权呢?发展。首先,扩展自由是发展的目标;其次,自由又是促进发展不可或缺的手段。当保险扮演经济机制设计中工具的角色时,保险处于一种自由与不自由的状态,即工具性的自由和发展的不自由。工具性的自由是一种"悲剧性的自由",而发展的不自由则是"自由的悲剧"。保险与其在这种"悲剧性的自由"中不自由地存在着,为什么不选择自由地存在着呢?那么,保险又该以何种自由的状态出现呢?跨越工具性的自由,即一方面将保险的自由置于发展中,给予保险实现自由的平等机会,另一方面将保险在发展中实现自由的过程,看作对发展进行选择的结果。

当我们将保险的自由作为跨越工具性的自由加以理解的时候,保险才能获得实质性自由。这种实质性自由度越高,保险促进保险以外的自由得以发展的能力越强。以今天我们更加重视的共同富裕为例。共同富裕本质上是社会价值规范的评价体系。自由则是社会价值规范评价体系中最为核心的指标之一。保险的自由与否,直接关系到社会的富强、民主、文明及和谐建设。以富强为例,一个缺乏高效的和可持续社会保障的国家,从来就不是一个富强的国家。社会保障之于富强是自由,而社会保障赋予人的发展自由在很大程度上则体现在保险的自由度上。一个社会保障制度若缺乏保险自由,对富强的定义就会谬之千里。然而,现实是我们很少会有意识地设问保险的自由何在,从而有意识地改善和提升保险在服务经济社会过程中自身的自由状况。一个不自由的保险,也就安身立命于一个不自由的发展环境中,但这显然不是保险发展的宿命。

新格局、新思维、新方法

美国在"让美国再次伟大"中奉行内向化、本土化和保守化单边主义战略竞争,将核心产业链、供应链和核心科技与中国的脱钩看作赢得战略竞争优势的重要手段。新冠肺炎疫情的暴发,则更加坚定了美国所奉行的战略竞争原则,也迫使我国做出构建双循环新发展格局的重大战略举措。

构建双循环新发展格局,核心是循环,而畅通经济循环流转,打通社会再生产循环中的生产、分配、流通、消费的堵点和梗阻是关键;强化供给侧的创造性,促进生产要素自由流动和资源优化配置,提高经济循环效率,增强经济发展的内生动力则是根本。因此,生产环节重在畅通创新链、产业链和供应链;分配环节重在解决居民收入分配和城乡收入差距问题;流通环节重在加强现代流通体系建设和畅通金融业和实体经济循环;消费环节重在扩大居民消费和推动消费升级。

服务双循环新发展格局对保险来说无疑是一个全新的挑战。无论在社会再生产循环,还是在产业链、供应链中,保险需要提供的不再是一一对应的解决方案,而是系统性的解决方案。这是由双循环中每个市场环节、经济行为和构成要素高度关联的系统性特征所决定的。面对一个需要用系统统筹的方式才能解决的问题,保险必须做出相应的改变,发展新思维,探索新方式。

美国生物学家林恩·马古利斯(Lynn Margulis)在其1970年出版的《真核细胞的起源》一书中正式提出了内共生学说。她认为,好氧细菌被变形虫状的原始真核生物吞噬后,经过长期共生成为线粒体,蓝藻被吞噬后经过共生变为叶绿体,螺旋体被吞噬后经过共生变成原始鞭毛。内共生现象通过生物物理或生物化学的作用,使共生体形成新的组织、多出新的功能或出现新的反应。这种系统化的生物演化过程,以及由此形成的新的生物关系,为我们解决类似的社会现象和经济现象提供了可借鉴的原理和方法。

借助生物内共生的原理和方法,观察双循环经济现象以及相应的经济特征,不仅提供了一种刻画保险与双循环全新经济关系的新视角,而且提供了一种将这种关系深化、融合为一种内共生的系统性关系的方法和途径,为探索保险更好地服务双循环经济发展,演绎出一种基于内共生原理和方法的保险——内共生保险。

事实上,对内共生保险我们在第4章有过阐述,就是农产品品质保险。农产品品质保险是保险适应当下双循环经济发展的典型案例。从内共生的视角来看,保险通过内生激励,在农村社会再生产循环过程中与每一个节点发生紧密联系,它的结果是提升农产品品质,但它的过程则是消解农村社会再生产循环过程中的堵点和梗阻,提升社会再生产循环过程中的关联度和循环的平顺度。它以生产和消费互为循环的终、始端点,不断改进分配、流通领域的效率和质量,从而提升整个社会再生产循环的效率和质量。从中我们会发现,农产品品质保险从它诞生的那一刻起,就不仅是以解决社会再生产循环中的个案为目标,它将整个社会再生产循环系统纳入自己的风险管理视野,以内共生的方式,平衡每一个环节,促进社会再生产循环系统朝着良性有序的方向发展。

内共生保险不仅对解决双循环经济发展面临的保险问题有着特殊意义，对解决未来保险所面临的诸如智能汽车、零碳社会等问题也具有特殊意义。智能汽车和零碳社会都具有一个共同的社会管理特征，就是分散式分布管理。而这种管理的经济形态则表现为相应的社会经济形态，通俗地说就是你中有我、我中有你，而这恰恰是内共生最为熟悉的环境状态。太保产险正是依据内共生的保险理念，在探索碳达峰、碳中和的保险创新中，将内共生的原理和方法运用于助力零碳社会建设的"绿色保险"的险种开发中，以适应未来社会发展形态的变化。

保险科技：零星灯火中的绮丽

科技从根本上说，是人类社会在发展中选择的结果。这意味着，科技无法教会我们如何选择，但为我们提供了更多的选项。如何在选择中挑出我们最想要的答案，作为麻省理工学院媒体实验室一群创新"疯子"中的领头人，伊藤穰一在其《爆裂：未来社会的9大生存原则》[1]一书中，以对科技创新情有独钟的热爱和执念，通过重构科技创新的九大法则，为我们做出社会化的选择提供了科技的"标准"答案，以适应这个充满不对称性、复杂性、不确定性的崭新的社会系统。

保险科技是一个"小"科技，但这并不意味着，保险科技可以跳出"科技创新最终会以再现社会价值的方式体现其价值"这一命题之外。恰恰相反，保险科技更应遵从这一原则。保险的社会属性及其社会管理的功能作用，决定了保险科技的创新及其运用都应该围绕社会的进步展开和做出选择。本部分以太保产险的探索为例展开介绍。

---

[1] 伊藤穰一,杰夫·豪.爆裂：未来社会的9大生存原则[M].张培,吴建英,周卓斌,译.北京：中信出版社,2017.

太保产险曾经以一种追赶"流行色"的方式对待保险科技创新。然而以这种方式和心态对待保险科技创新，让太保产险多了一份"敢于"创新的热情，却缺少了一份"知于"创新的理性，并使得太保产险的保险科技创新，犹如茫茫大海上随波逐流的一叶小舟。事实上，这不仅仅是太保产险面临的问题，整个保险行业都面临着类似的问题。人们更热衷于保险科技的创新和运用，却时常忽略保险科技所应拥有的社会价值和目标。缺乏灵魂的保险创新，带给我们的是社会化的痛苦；缺乏知于创新的理性，带给我们的是茫然失措。如何让热情与理性相融，又如何使保险科技与行业发展同频共振？太保产险给出了自己的答案：以保险科技社会化为目标，在保险科技创新与社会进步选择之间构建起一个自适应的反馈系统，重塑太保产险保险科技创新价值观。那么，太保产险又是如何实践转型的保险科技创新价值观的呢？主要表现为以下三点：

（1）将保险科技作为保险内生机制设计的重要因素，运用保险科技在"新机制"中解决"旧机制"因无法拥有保险科技而解决不了的问题，并实现"新机制"对"旧机制"的替代，促进社会进步与发展。

物联网（Internet of Things，IoT）和数字信息技术的快速发展，为保险人预测概率和测度损失创造了有利条件，破解了以往很多领域的风险不可保问题，成为唤醒新机制的春风。"万物互联"刺透风险面纱，让我们能够更加全面地评估致灾致损因子，并通过数字化手段对保险标的风险状况进行高频监测和及时预警，为精细化、定制化的保险产品服务创新提供技术支撑。未来，数字孪生和量子计算将成为推动保险业数字化改革迈向更高阶段的关键技术，数字孪生把现实世界的运行变化映射为数字世界的数据波动，量子计算让我们能够以"态叠加"捕捉不确定性的演变趋势。保险人不再需要等待历史经验数据的漫长积累，便可抹平概率损失分布在先验和后验视角下的沟壑，这将催生出一批新产品、新模式和新业态。

（2）将保险科技创新作为引领保险发展方式转变的重要手段，强化保险的内生激励功能，不断改善保险机制运行的原理和运行方式，促进保险与经济增长之间的良性互动,提升保险风险管理能力的现代化水平。

2018年11月,太保产险在业内首创"风险雷达"防灾减损系统,基于GIS技术进行自然灾害评估和承保分析,获取暴雨、洪水、台风、雷电、冰雹、雪灾、滑坡泥石流等自然灾害评级,实现保前风勘、保中防损、灾前预警、灾后回勘等全周期风险管控服务。2019年长三角地区抗击"利奇马"台风期间,太保产险"风险雷达"根据巨灾模型预估的各保单预期损失数据,以及客户风险档案、标的风险标签等系统沉淀数据,自动生成了防台重点标的清单,并向一线防台力量发布台风临前现场防灾任务。此后,太保产险防汛团队立即通过"太爱勘"微信小程序接受到任务,逐单走访客户,提示并协助客户落实防灾措施,合计为社会减损近2.5亿元,为保险业探索出台风巨灾预警—防灾—防损的全流程、全方位风险防控模式。

(3) 将保险科技创新作为提升保险产品质量和服务水平的重要途径,着力于保险产品和服务的市场吸附力和扩张力建设,强化保险产品和服务创新的多种科技手段的运用,打造保险产品和服务创新科技"供应链"。

2020年9月26日,太保产险与百度智能云联合发布车辆智能定损产品"太·AI"。该产品将AI技术与保险大数据、专业理赔经验有机结合,基于保险理赔海量数据和千万张事故图片,结合百度图像识别技术和AI智能算法,成为具有完整车险理赔能力的全智能、无人工车辆定损工具。"太·AI"人工智能技术能够模拟查勘员的眼睛和大脑,运用云端算法实时识别车辆的外观受损情况,可以覆盖97%以上的乘用车型,部件识别准确率可达到92%,为客户提供智能化、数字化、差异化的极速定损体验,做到秒级定损、分级赔付,从而有效提升车险理赔处理效率,大幅改善客户体验,成为保险行业深度应用AI技术的标杆案例。

保险监管：权衡中的与时俱进

改革开放四十多年中国保险监管的历史，以从业感受而言，可以归纳为：权衡中的与时俱进。权衡是心理纠结的反映，是行为选择的困惑。我们纠结什么，我们又困惑什么，它们共同指向了一个主题：当保险市场的经济属性与保险市场的社会属性发生矛盾和冲突的时候，我们该如何做出选择与平衡。或者我们将这种矛盾与冲突以一种更为一般化的方式表达，就是我们该如何在保险监管的效率与质量中做出选择与平衡。

保险的理论和实践最后都会以社会化的方式"验收"，这是保险从诞生的那一刻起就拥有的基因。以社会化的方式终结验收，这既是保险回归本质的必然选择，也是保险价值的终极评判。这意味着，我们在保险监管中能以保险的社会价值目标的实现为准绳，构建一套保险监管的标准，从而帮助我们做出更好的选择。

然而，以结果审视保险的监管，还缺少过程的支撑。保险监管之所以纠结于选择的结果，关键是选择过程的纠结。过程纠结的根本原因，源自保险经济行为的定位问题。我们不应将保险的经济行为仅仅定义为市场经济行为，而应纳入社会经济行为中进行考量。如果我们以社会经济价值实现的过程，即社会经济是一种以市场经济激励的方式实现其社会价值的经济形态，作为保险自身的选择过程，那么，保险监管过程就会变得有章可循——尊重保险与生俱来的社会基因，并在其社会经济活动的过程中，做出对保险社会价值目标的选择与评判。

为什么我们会以审视市场行为与社会价值的关系作为解决保险监管纠结的手段？这是由"保险理性人"的"假设"所决定的。任何保险市场行为都必须在监管的条件前提下自洽性地满足社会价值的选择与评判要求。如果拥有了这样一条清晰的脉络，我们就会将保险市场的行为规范以符合社会价值目标的方式演绎到保险监管中，并最终为保险监管决策提供依据。

保险监管本质上具有强烈的社会属性,如果保险监管最终能引来众多的 UBI 式创新,那么,激励成为保险监管重要的社会功能。因为激励,或许在未来的保险监管实践中,我们会看到另外一番景象,保险监管的价值不再以"由不好到好"来衡量,而是以"由好到更好"来衡量。

在缤纷的世界里徜徉

人们常问,为什么 95% 以上的诺贝尔经济学奖获奖者来自美国。这里有多种原因,例如,美国经济学界建立起了一套更加完备的分析框架和解释条件。但有一点是不容忽视的,即最典型的经济现象,几乎都最先发生在美国的现代经济体系中,这使美国经济学者拥有近水楼台般的观察条件。

随着中国经济的高速发展,超大规模的市场需求为中国由保险大国走向保险强国奠定了坚实的基础。在描述诸如综合国力、某某行业之强的指标体系中,都离不开创新之强这样一个指标。创新之强,是建设保险强国无法回避的要求。多元的保险需求引发的保险现象,一方面丰富了中国的保险实践,另一方面也提出了一个如何用创新的态度面对保险实践的问题。

在伊藤穰一的《爆裂》一书中,应对快速变化的世界,有九大生存法则,其中一条是"实践优于理论"。尽管,伊藤穰一是以一种创新感知的方式叙述着自己的创新经验,但他也提出了一个适应创新的命题,即在实践、思想和理论之间,如何让创新快速地付诸实践。从广义的角度,思想是理论的组成部分;从狭义的角度,思想是理论的证明结果。"实践优于理论",并不是不需要理论,而是让理论以思想的状态出现。思想是对人们现有认知的改变,是对人们习惯认知的挑战,是对未来认知的提示。思想之实践,就是以"思想"的方式认知世界。当创新与思想相联系的时候,实践就会优于理论。

丰富的保险实践会涌现出丰富的创新思想。当我们谈论实践、创新和思想的关系的时候,事实上,我们谈论的是这样一个问题,即当实践行为被贴上创新的标签的时候,思想随即为实践的创新行为提供认知的方向。它不会因狭义的理论滞后而踯躅不前,而是与思想相伴走向远方。

《21世纪罗曼司》[①]中写道:"如若说,在创新尚属于人类个体或群体中的个别杰出表现时,人们循规蹈矩的生存姿态尚可为时代所容,那么,在创新将成为人类赖以进行生存竞争的不可或缺的素质时,依然采用一种循规蹈矩的生存姿态,则无异于一种自我溃败。"面对实践中不断涌现出的新的保险现象,若思想的解释力仍局限在我们既有的认知中,无异于盲人摸象,并将曲解新现象中包含的新机遇。

当我们以一种夸张的方式,描述当今世界快速变化的时候,这并不意味着我们可以无视思想的存在,恰恰相反,思想此时对我们尤为珍贵。当中国向着保险强国迈进的时候,只有紧紧地拥抱源自实践的创新思想,我们才能在未来呼唤出富有中国特色的保险思想理论体系,在这个缤纷的世界里自由徜徉。

拓展阅读　　保险内生化案例1——从灾后补偿走向灾前预防

自然灾害将城市风险的不可预测性、突发性和破坏性以一种具象场景呈现在人们面前。囿于微观数据沉淀和防灾减损技术,过去很长一段时间,保险只能在抗击自然灾害中扮演一只"会算术的储钱罐",平时存钱,灾时用钱,帮助政府和企业迅速筹集资金用于灾后应急恢复,缓冲灾难给城市经济社会造成的负面影响。这种做法或许被认为被动和消极,但如果我们用经济补偿职能审视保险,它在现有的资源条件下是基本尽职的。

在2013年的"菲特"台风中,太保产险承保的宁波某科技实业有限公司全厂水位平均高度1.2米,理赔金额高达1 980万元。保险赔款能解燃眉之急,但远无法弥补灾难给企业造成的全部损失。复盘推演

---

① 金马.21世纪罗曼司[M].北京:北京师范大学出版社,1993.

显示,如果在台风气象预报的第一时间,保险公司和这家企业能够及时协同开展防灾减损工作,就有很大机会避免保险公司和企业"双输"的局面。这不是一句"没做过"或"做不了"就能敷衍过去的事情。

痛则思变,太保产险决定从幕后走到台前,在与大自然博弈的棋盘上磨炼技术。灾前预防最为关键的是尽快根据灾害预计发生时间、位置、路径、强度等信息,精准匹配出需要提供防灾减损服务的承灾主体。形象来说,保险内生化在城市自然灾害风险管理中的首要任务是找到"千里眼""顺风耳"和"神算子",建立一套灾害跟踪识别、分析和预警机制。太保的"风险雷达"就是综合运用数据信息技术实现上述功能的一项科技杰作。

太保产险自主研发的风险雷达灾害预警和风险评估信息平台,通过融合地理空间数据、自然灾害数据、实时气象数据以及保险业务数据,实现了承保、理赔、风勘三位一体的闭环风险管理。可实时对外提供基于GIS技术的风险管理服务,根据台风、暴雨、冰雹等十余种灾害天气的历史发生率、危险等级、影响范围、持续时间等详细指标进行损失预估、地域累计风险评估、气象灾害自动预警。其主要功能包括以下三个。

一是面向承保企业,提供精准防灾防损服务。保前风险评估,开展体检式隐患排查;保中为客户做好风险管家。以防汛抗台为例,在业内打造了首个台风预警—预防—减损的全过程风控模式,使用风控大数据建模,预判出风雨影响范围内企业,发布精准预警,在灾前黄金时间派工程师至高危企业上门服务,协助客户开展防灾工作。

二是面向社会管理,构建大数据风险管理服务。太保产险建设风险数据大脑,依托GIS地理信息系统,开发覆盖中国全境的多灾因风险地图,构建火灾与台风易损性模型,绘制企业风险画像,并向政府安全生产监管、应急减灾等领域输出风险数据,有效提升社会减灾能力。

三是面向社会公众，输出免费且易获得的风险服务。公众可以随时访问"太爱勘"微信小程序，免费获得自然灾害预警、风险综合评估、安全自测等服务。这一举措进一步将防控服务网扩大从而普惠大众。

通过风险数据的采集、存储、建模、建档的全流程管理，"风险雷达"首次在保险业内根据客户风险特征提供了精准的台风临前防灾服务，实现了数据驱动的精准防灾减灾应用。"风险雷达"后台根据巨灾模型预估的各保单预期损失数据，以及风险数据库提供的标的风险标签、客户风险档案等特征量，按预设规则自动生成防台"重点标的"清单，并向一线防台力量发布台风临前现场防灾任务。防汛团队立即通过微信小程序接受到任务，逐单走访客户，提示并协助客户落实防灾措施。

让我们关心一下在"菲特"台风中遭受重创的那家宁波科技企业的后续情况。2021年台风"烟花"预计登陆宁波时，"风险雷达"评估这家企业的老厂区水灾风险依旧较高，推送该企业为重点走访对象。在台风临近时，太保产险数次前往巡查，并用实际案例及风险数据反复劝导企业主和各厂区负责人主动防灾，这家企业开始投入大量人力和物资进行风险预防工作，最终在整个老厂区因台风积水1米的情况下，车间和仓库仅轻微进水，总损失金额不到10万元。保险公司与企业实现了双赢。

除了灾前的风险查勘、预警及走访外，在灾中，太保产险也大量使用创新工具及高端设备抢险救灾。"烟花"台风中，为第一时间抢救出深水区熄火车辆，最大程度降低水浸车辆损失，太保产险连夜召集救援重磅武器——"中道勇士"15台，成功进入宁波受灾最为严重的海曙洞桥等区域开展救援。该救援车辆为中道专利设计的全地形救援车，专门用于困境救援，普通救援拖车的涉水深度为40～50厘米，而"中道勇士"涉水更深、动力更强，1米左右水深都能轻松进入施救，在"抗台"中发挥了不可替代的作用。

> **拓展阅读　　保险内生化案例 2——担任外卖小哥的安全助手**

在城市中，我们四处可见穿着蓝衣服和黄衣服的骑手来回穿梭，他们被称为"蓝骑士"和"黄骑士"。快节奏的现代城市生活，让我们习惯于坐在家里或者办公室，拿起手机点一份外卖，一小时不到外卖小哥便会送餐上门。互联网改变了餐饮行业的交易、服务模式，却无法缩短餐品至客户的物理距离，于是外卖骑手担任起后勤物资运输的"现代镖师"，用自己的辛勤奔波为千家万户带来方便。

根据美团发布的相关统计数据，截至 2019 年年底，累计约 720 万外卖骑手通过美团平台实现了就业增收。当我们赞叹科技为商户、平台、用户和骑手带来"四方共赢"的同时，也必须关注到外卖骑手的交通安全和员工权益问题。正如《中国青年发展报告（No.4）：悬停城乡间的蜂鸟》中所描述的那样："他们穿梭于偌大城市里每一处犄角旮旯，如蜂鸟般不停地扇动翅膀，试图悬停在城乡的上空……唯一确定的，只有不停地向上飞翔，努力让自己不跌落而下。"

不知你是否关注到一个细节，无论是在公司、商场或是小区电梯里遇见外卖小哥，他总是在一边看楼层一边看时间，电梯在中间楼层的每一次短暂停留，都会伴随着他的一声轻叹，当这辆垂直交通工具到达目的地，他一定是首先冲出去的那位。建立在大数据和人工智能基础上的算法系统，成为悬在每位外卖骑手头顶的"达摩克利斯之剑"，与过去的监工相比，它也许更加科学和公平，但也更加呆板和不通情理。平台在算法系统上配套了严格的考核机制，最为我们熟悉的就是"准时率""差评率""配送原因取消单量"等指标，但我们往往忽略了这些指标关乎骑手能否抢到订单、能否足额领到工资和奖励、能否在这个城市继续生活下去。

于是，外卖骑手尽可能地与时间赛跑，风驰电掣地奔忙于大街小巷，为了追量赶时，那些留存着几抹温热的外卖也许刚经历了一场惊心动魄的生死时速。平台算法和考核机制引致外卖小哥驾驶行为不规范的问题受到社会广泛关注,仅 2020 年 8 月份,全深圳市就查处快递、外卖送餐行业交通违法案件 1.2 万宗,占非机动车违法案件总数的 10% 以上。如此庞大的违法案件数量,不但降低了城市的交通运转效率,同时占用了大量交管部门的城市管理资源,给城市的管理造成了不小的成本压力。同时,外卖骑手大多来自低收入家庭,如果遇到重伤或者死亡的严重交通事故,对其家庭来说无疑是灾难。

借助保险去保护骑手安全、促进交通文明是保险人一直在思考和尝试解决的问题。研究表明,道路交通事故致死的最主要原因就是颅脑损伤,而在电动自行车交通事故中,因颅脑损伤致死的比例更高,几乎所有死亡、伤残人员头部都受了伤,而且是致命伤。不戴头盔的情况下,头部受伤概率约为 64.8%。不佩戴头盔出车祸时的死亡率是佩戴头盔的 2.5 倍。于是,针对骑手安全问题,太保产险打造一款专属外卖骑手的"智能头盔",在普通头盔的基础上,配置一些智能设备,如戴盔检测、自感应尾灯、麦克风、蓝牙耳机等,采集骑手的行为数据,合理提醒骑手的不良驾驶行为,并以此为依据进行保费的上下浮动。

这里的最关键的问题在于如何使外卖小哥愿意采取规范的驾驶行为,这是一个很典型的内生激励问题。事实上,每个外卖小哥都存在规范驾驶的内在动机,没有人愿意出车祸,只是在经济利益和侥幸心理的驱动下,非理性地采取了高风险行为。保险需要做的,仅仅是帮助外卖小哥及时认识到自己身处险境,通过保费杠杆调节他的收益预期,并采用防灾减损技术来尽量避免最坏情况的发生。因此,太平洋保险在保险损失补偿功能的基础上,进行了一些并不复杂的功能机制优化:在承保时,骑手的驾驶行为习惯好,就可以给予保费优惠,通过差异化的费率引导骑手安全驾驶;在保障过程中,对于出险风险不同的骑手,通过改变派单量等手段实施干预,进行奖励或警告,改变骑手的风险行为;在理赔的场景中,针对可能存在欺诈、扩损等非正常情况,通过智能化核查和识别案件,减少非正常的理赔案件,防范道德风险,降低企业赔付率。

从理赔数据上来看,通过发挥内生激励功能,保险防范化解外卖小哥驾驶风险的效果远超预期,这让我们对保险的本质有了更为深入的思考。

假定保险公司只对不规范的驾驶行为者采取约束,同时一个规范的驾驶者与一个不规范的驾驶者(特指因不规范驾驶行为造成了赔付的驾驶者)在来年所交保费是一样的或者其差别不足以具有"诱惑力",那么,有谁会因此采取更加规范的驾驶行为呢?答案是,没有外卖小哥会因此采取更加规范的驾驶行为,因为规范的驾驶行为与不规范的驾驶行为在经济收益上没有区别。这种经济收益上的无差别,实际上是鼓励驾驶者采取不规范的驾驶行为(负激励)。如果保险公司对规范驾驶行为者与不规范驾驶行为者实施经济收益上的差别对待,并且这种差别对待对不规范的驾驶行为者具有惩罚性的经济约束,而对驾驶行为规范者意味着更高的经济收益回报,那么,情况就会出现显而易见的逆转,更多的人会选择规范的驾驶行为或者争当驾驶行为规范者。

第6章

从工具到机制：重构城市风险防控新框架

换个角度看风险
保险的"世说新语"
理解激励
内化
构造
新框架的前景
1＋N合作
新框架的培育

换个角度看风险

居安思危，与其说是安全与危机的思辨，倒不如说是一种安全警示。循规蹈矩、一成不变的生活，尽管井然有序，但也容易让我们麻痹和松懈。这或许与我们追求安定的生活没有必然的联系，但一定与我们对待风险的态度有着千丝万缕的瓜葛。如同每次大事故后，政府对相关管理人员的问责处罚一样，城市风险防控体系的改进总是出现在灾害发生且防控出现纰漏之后。与之相伴，对保险的强烈需求也常出现在因灾致损后。这种亡羊补牢的做法虽称不上最好，但也实用。然而，如果这种对待风险的态度成为习惯，总有一天我们恐怕连亡羊补牢的机会都没有，这绝非危言耸听。

风险是不断改变的，这不难理解，难于理解的是，风险甚至还有一种自我改进的"智慧"能力，正如新冠病毒不断演化新型毒株一样。风险在变，我们对待风险的保险态度就不应仅仅停留在等待风险发酵，直到风险爆发后，以一种结果论的态度对待风险的变化与演进。我们唯有与时俱进，将我们的态度带到行动中，使城市风险防控具有自适应的特质，将被动转为主动，将等待变为前行。我们必须让保险不再作为风险演化的看客和亡羊补牢的失意者，而是作为嵌入到城市风险防控体系中的激励者和有为者,去激活城市风险防控的内生动能,从而使城市防控体系弥久常新。

保险的"世说新语"

随着城市的进步,当我们以"经济人""社会人"出现的时候,不应忘记我们还是"风险人"——每个人都是风险的制造者和承担者,但也应成为化解风险的参与者。当我们以"风险人"的角色参与城市的社会、经济活动中时,我们需要一个通道展示"风险人"的社会经济价值。保险就是最为重要的通道之一。可悲的是,保险的功能作用只是裁缝师傅缝完衣服之后,那颗缝在衣服上以备不时之需的纽扣。这极大地低估了保险之于"风险人"的社会经济价值。为什么保险不是衣服上正在使用的纽扣,而是一颗备用的纽扣?我们必须给予保险价值更多的证明,让保险在"风险人"的角色系统里,绽放出华丽的光彩。在思考不确定性与确定性、激励与改变、预警与预防的同时,我们必须思考如何在城市风险中实现保险重塑的价值变化。

不确定性与确定性

保险行为经济教学中有一个经典的案例。故事发生在 1500 年的荷兰阿姆斯特丹,船主集资修建了一条船,准备用于与印度贸易的运输。这条航线风险很高,有 50% 的可能船回不来,但也有 50% 的可能船会回来并赚 1 000 个金币。这条船的造价是 100 个金币。如果你是这位船主,你会选择去还是不去呢?

学生立刻分为三派:爱冒险(风险偏好)的学生立刻表态,去! 富贵险中求! 风险极端厌恶的学生明确表示,不去,会血本无归。而部分风险厌恶的学生在犹豫,不确定性太高了,如果有办法降低不确定性,可以考虑去,否则就不去。

这时,老师给出了补充条件:有人发明了保险,如果船没回来,可以赔付船的造价,即 100 个金币。结果,明确表示不去和还在犹豫去或不去的同学都转变了态度,明确表示可以去,只要保险的价格不超过船的造价。因为保险赔付将不确定的出海损失变为了确定的保费支出,不仅让人心安,也便于经济成本核算。

此案例说明,如果我们以一种传统的方式看待保险,保险就是不确定条件下,产生确定性的损失的赔付手段。如果我们将保险看作由不确定性向确定性转换过程中的决策过程和结果,那么,保险就不再以现有的方式与风险发生联系,而是以风险管理中"风险人"的角色呈现。在风险管理中,保险既呈现了过程,也还原了结果。因此,风险与保险从来就是相伴相生的,从开始到结束,它们从来就没有想到过分离,但现实中,我们并不一直将风险与保险联系在一起,多是在风险造成损害时,我们才想起保险的存在。

激励与改变

在保险行业发达国家,推动汽车安全技术(包括车内乘员安全、行人安全和车辆防盗)的进步有三大因素:国家立法、消费者个人选择以及保险公司的差异化费率。由于保险费在汽车使用开支中占有较大比例,所以保险费率对消费者的车型选择起到了很大作用。

美国的保险公司曾发现,某些车型发生碰撞事故时乘员下肢受到严重伤害并由此致残的概率较高,保险公司为此承担了高额的赔偿费用。后来,保险公司大幅调高这些车型的乘员责任险费率,最终迫使汽车厂家投入大量资金技术以提高车辆的下肢防护能力。此外,瑞典萨博汽车曾在加拿大推出一款头枕采用最新防护技术的轿车,大幅降低了乘员在遭遇追尾事故时颈部受伤瘫痪的概率。保险公司也因此降低了该车型的乘员责任费率,以激励萨博汽车的安全技术改进。其他厂家迫于压力也纷纷安装了采用相同技术的座椅安全头枕。

除了差异化费率的激励外,保险的承保决策也能引导保险标的质量的改进。在 21 世纪初,国内多家保险公司都做出了拒绝为桑塔纳上盗抢险的决定,因为老款桑塔纳轿车的防盗设施非常简陋,被盗率极高。

这次拒保风波引发了当时社会的广泛关注,并最终导致上海大众不得不提升桑塔纳轿车的防盗水平。

保险的激励作用,改变了风险既有的轨迹和结果,从而迫使风险对象做出适应性的改变,尽管这些案例与 UBI 车险有着异曲同工之妙,但在现实中依然为我们所忽视——保险完全可以以更好的方式为经济社会提供发展动能。

预警与预防

科技正在改变我们的社会组织、结构和运行,不仅如此,科技也赋予了我们个人更强的韧性并拓展了我们与社会接触的广度和深度,打破了时空既有的状态。套用在科技之于保险的价值上也是如此。2021 年 7 月下旬,第 6 号台风"烟花"登陆我国东部沿海。在收到天气变化预警后,保险公司利用互联网科技成果,迅速向广大客户发送台风预警通知和汛期相关预防、抢险、减灾知识,确保客户知悉情况并加强防范。这一事例体现了科技之于保险,由过去在面对风险爆发那一刻的高成本和无力为之,转变为风险预警的常态,也进一步拓展了保险行为和价值空间。

对预警行为的实现,预示着风险预防组织的高效性和减灾降损的事前可控性。以太保产险为例,面对"烟花",太保产险浙江分公司深入走访可能受台风严重影响的 129 家重点企业客户,提出专业防灾防损建议,并在当地组建 46 个非车险抗灾预备小组、1 支车险百人抗台预备队,分批前往台州、舟山、金华、丽水等地靠前指挥;太保产险宁波分公司当地防汛灾备队伍第一时间进岗到位,对易积水路段进行实时监控与值守部署,在完成首轮 352 家重点客户现场巡查后,还对 79 家重点企业客户开展了第二轮灾前检查回访;太平洋保险上海分公司全面落实风勘预警,根据台风预警表,逐一通知客户做好台风防范工作,重点走访历年严重受灾单位和小区物业,做好风险排查,并每日统计已预警客户清单;各分公司相关人员实时关注风险雷达推送的台风临前走访任务并认领,使用"太爱勘"小程序临前走访模块完成现场信息采集和查勘报告。这些举措不仅达到了未雨绸缪的预防效果,还推进了减灾降损由被动等待向主动作为的转变。

从不确定性、风险之间的关系审视保险,保险就是在由不确定性向确定性转换过程中的风险管理机制,而激励成为机制运行中最为重要的属性,预警行为则让机制的运转由局部变为全程。

理解激励

社会经济的发展,站在集体行动的角度看,是激励的结果。由集体行动内部所产生的激励叫内在激励,而由外部所引发的激励则称为外在激励。社会经济的发展从根本上说,是内在激励的结果,但外在激励会对内在激励形成有效的刺激,内在激励会对外在激励产生合理的反应。

这里有一个有趣的小故事:一个犹太人在反犹社区做生意,每天都有几个小青年来骚扰他。犹太人很是苦恼。后来他想了一个办法。第一天,他给了那些来骚扰的小青年每人1美元,作为骚扰他的犒劳。那些小青年当然很高兴,第二天继续来骚扰他,这个犹太人还是给每个小青年1美元。第三天来骚扰的时候,犹太人说,这几天我的钱都给了你们,我这里也不多了,只能每人50美分了。这些小青年虽然不高兴,但也还是可以接受。第四天来骚扰他的时候,犹太人说,钱没多少了,只能给你们每人15美分。那些小青年大怒:"给15美分还想让我们卖力?"从此,再也不来骚扰他了。

这个故事中,"骚扰工作"本身能给这些小青年带来乐趣,相当于内在激励,但是犹太人反而给予这些小青年以奖励,也就是外在激励。随着外在激励的减少,内在激励反而不再起作用了,小青年对"骚扰工作"丧失了兴趣,再也不来骚扰了,智慧的犹太人也达到了目的。

日常中,人们对内在激励远没有对外在激励来得敏感。我们总是缺少内在的自为激励,这是人类时常安于现状的"懒惰"表现。犹太人的聪明之处就是,通过外在激励的不断弱化,使小青年逐步回归缺乏内在自为激励的"懒惰"状态。试想,如果犹太人每天给予小青年的回报是不断递增的,情况就完全不一样了,小青年甚至会为得到更高的回报,去攻击犹太人的市场竞争对手。

犹太人商人与小青年骚扰的案例,让外在激励与内在激励二者之间的关系更加明晰,也提示着我们,在一个开放的系统内,外在激励刺激了内在激励的生成,但这并不足以保证内在激励产生自为的连续性。要使内在激励产生自为的连续性,前提条件是提供一个激励目标(犹如犹太人不断地给予小青年回报递增),即由好向更好的不断递进或收敛。这又引出了另一个问题,即维系内在激励的自为连续性,除了激励目标之外,还需要一个形成连续性的机制,一种内在的激励机制,为自为的激励行为提供保证。

对于城市风险防控体系来说,外在激励是指来自其外部的刺激,包括灾害导致的重大损失、经济社会环境的变化等;内在激励是指防控体系本身具有的一种可促进其自我升级的自为能量。当前改善城市风险防控体系的契机往往在于某次重大灾害,这属于外在激励的结果。然而,如果每次都只依赖于已发生的灾害来改善城市风险防控体系的组织和结构,头痛医头、查漏补缺,这或许是完善城市防控体系的方式之一,但绝非最优方式。一旦风险发生了改变,我们依然手足无措,最终只能被动地承受风险。要摆脱这种境况,最优方式就是实现内在激励的自为,不断提升自我激励的能力,才能从容地应对下一次灾害。

说到这,我们回头看看,前面提及的保险在费率、承保方面的小激励能促进汽车行业大改进的例子给了我们有效启发。城市风险体系的内在激励或许就在保险的激励中。

内化

当我们谈论激励的时候,我们始终将激励看作一个具有正面意义的行为,即便是犹太商人与小青年之间,犹太商人所使用的激励也对自身有着正面意义。要使城市防控体系产生连续的自为式激励,保险应成为那个激励城市风险防控体系不断改变的"犹太商人"。

或许我们在看待犹太商人和小青年骚扰的案例中，忽略了一个重要的激励关系的讨论，即外在激励向内在激励转化的问题。这种转化之于外在激励就是一个内化的问题。事实上，犹太商人从一开始就进行了精心的设计，他非常知道人类存在自为激励的惰性，正是这种自为激励的惰性，让犹太商人得以很好地控制了小青年的骚扰行为，在不知不觉中减少了自己的损失。这一过程在辩证法中被理解为外因通过内因而起作用。而要让外因通过内因发生作用，则需要有个条件，这个条件就是内化。

保险之于城市风险防控体系的内化之路，就如犹太商人之于骚扰他的小青年，也与保险由外化为工具向内化为机制转变如出一辙。让城市风险防控体系产生自为激励的连续性，保险的内化之路就是为其提供激励保障，这个激励保障被我们定义为内生激励机制。内生激励与内在激励的区别仅在于行动与行为的差别。行为偏重于意识，而行动偏重于践行。关于保险形成内生激励的所有条件，我们在第 4 章中都作了阐述，这些基本原理也适用于城市风险防控体系的构建。在此需要补充的是，保险通过其内生激励机制，借助哪些具体的方法和手段，赋予城市风险防控体系不一样的内涵。即保险可以通过承保条件、保险条款以及保险费率来影响城市风险防控的行动特征，从而改变原有风险的轨迹。

生态环境风险、公共卫生风险、社会治安风险、自然灾害风险和安全生产风险是城市风险防控体系中需要防范的主要风险。以下将描述保险在城市风险防控体系中的作用。

生态环境风险

生态环境风险是指未来可能发生的环境风险及所产生的后果。经营环境类保险的保险机构可按一定灾害损失金额、碳排放量的标准设计和销售绿色保险、低碳保险及环境责任保险等，未达到承保条件的企业将不予以承保；而针对那些予以承保的企业，保险机构还可通过给予一定的费率优惠,引导和规范低碳排放、绿色出行。这也是变相向碳排企业施压,以保险督促其节能减排。其实,这在部分发达国家已有先例：如当伦敦街头出现了采用油电混合式引擎的出租车"绿番茄"时,英国保险公司会对此类达到绿色评级A类标准的汽车给予10%的保险费率优惠；德国安联保险公司在欧洲推出的"绿色汽车保险",就把客户一年的行驶公里数作为核定下一年保费的一个决定因素；美国保险公司也为气候改变推出了如"碳排放信用保险"之类的新险种。

公共卫生风险

公共卫生风险一般要求全周期管理。相应地,保险机构可设计具有前瞻性的健康保险产品,借助费率机制规范被保险人的日常生活习惯。同时,保险机构还可承诺在风险防控过程中通过物联网、大数据和人工智能等技术,向被保险人提供健康指标监测、用药指导、生活方式干预和紧急事件预警等服务,实现疾病预防关口前移。2016年某人寿保险公司与上海三十七度科技联合推出的"浩克计划"就是这方面的典例案例。该计划不仅通过智能手环日常采集的数据来评估一个人的患癌风险,而且每日推送运动方案,并将用户行为数据与次年保费保额挂钩,正向激励干预用户日常健康行为,进而降低其患癌概率。同时,积极加强与各级医疗机构合作,为群众提供线上问诊、远程医疗、智能筛查、健康教育和心理援助等服务,进一步完善关口前移工作。另外,面对新冠肺炎疫情这样的重大公共卫生事件,保险机构还可开发针对突发公共卫生事件的巨灾保险产品,实现巨灾保险证券化,来减轻传染病疫情等巨灾事件所导致的公共财政负担。

社会治安风险

保险参与社会治安风险防控,实质上是保险公司与政府共同治理社会公共事务的过程。保险机构可结合政府社会治理需求与相应风险勘查的实际情况,遵循市场规律定制特定保险产品。特定的承保范围就是向被保险群体划定可作为和不可作为的红线,而差异化的承保条件、费率水平、理赔标准则让被保险人及其相应关系人明白,好的治安环境和坏的治安环境对购买保险是有影响的。这也促使人们共同来营造和维护公共治安环境。除此之外,保险公司还可定期向政府部门反馈承保及赔付情况,以便政府及时掌握治安动态,发现基层社会治理的突出问题。我国在2015年后出现了"社会治安综合保险",这是保险参与社会治安风险防控的探索之举。具体方法是政府部门引导,保险公司运作,依托合同管理,组织城乡居民参与,对城乡居民因洪水、干旱和火灾等灾害引起的人身或财产损失,因盗窃、抢劫和抢夺等社会治安案件及其他意外造成人身财产损失进行赔偿。但是该举措激励效果并不十分明显,如果合理运用保险条款、费率和服务等因素,更好地体现保险激励作用,该类险种的效果将会更好。

自然灾害风险

保险是应对自然灾害损失的重要力量。浙江宁波、广东深圳等多地已试点了巨灾保险,开启保险参与自然灾害风险防控的新阶段。但要促进巨灾风险管理体系的自我升级,还需在巨灾保险条款中加入适当的追责内容,以及在厘定巨灾保险费率时设定奖励完备防灾工程、升级防灾技术等。这样,意图购买巨灾保险的风险单位在日常就有了积极防灾的动力,并会时刻警惕自担的防灾减灾责任。

安全生产风险

安全生产风险与生产过程中的设备安全以及生产行为规范息息相关。保险公司可以通过设定相应保险条款来划定操作行为的红线,并设计损失敏感型的费率水平来推动被保险机构提高安全生产水平。在成功承保后,保险公司还可与科技公司合作搭建安全生产管理平台,为投保安全生产责任险的企业提供安检、风控、风险预警、风险管理档案建设和安全生产宣传教育培训等增值服务,最终达到防灾减损目的。以安责险"山东模式"为例,相关保险企业与清华大学合作搭建线上线下结合的安全培训体系,重点打通从业人员专业培训"最后一公里",以实现投保企业风险防控能力由外至内的全方位提升。

构造

当前国内的城市风险防控体系主要分为日常防灾工程建设与应急管理两大部分，而后者是防控的重点。如图6-1所示，政府及各部门和广大民众是直接参与风险防控的主体，同时积极吸纳其他社会组织，如灾中灾后的志愿者服务等。传统风险防控体系的风险防控过程主要分为日常风险监测、灾前风险预警、灾中应急救援及灾后重建三部分，平常主要由政府各部门各自引导运行。从国内外灾害应急预案发布和修改的时间就可以发现，城市风险防控体系的建立和改进一般都在重大灾害以后，是痛定思痛的结果。而保险在此体系中只实现了损失赔偿的单一功能，只能算作城市风险管理的一种工具。

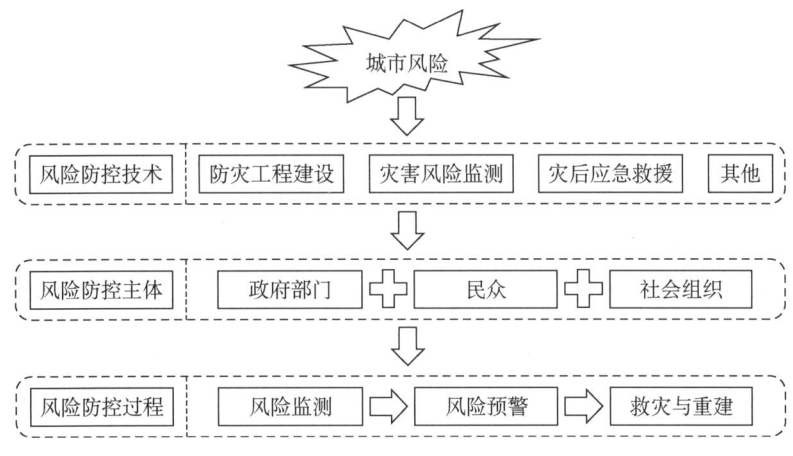

图6-1 传统城市风险防控框架

与传统城市风险防控体系相比，嵌入了保险的城市风险防控体系新框架将拥有更为专业的风险防控技术、更明确的风险防控组织形式、更系统的风险防控过程以及更为精细的风险防控手段（图6-2）。更重要的是，保险将作为一种内在机制来激励城市风险防控体系持续自我优化升级。

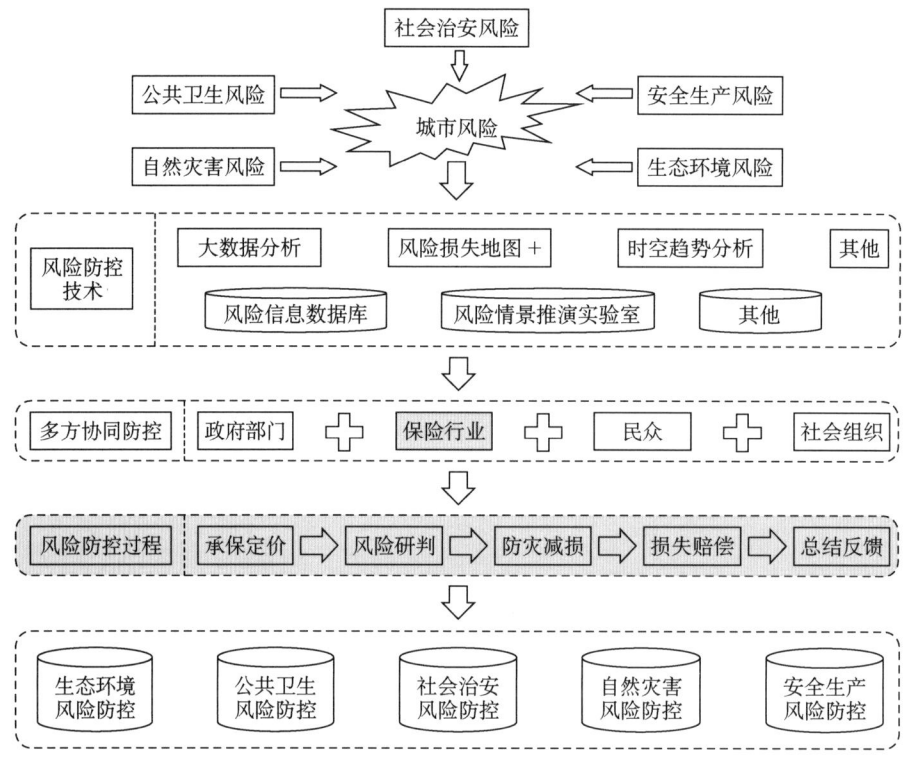

图 6-2 嵌入保险的城市风险防控新框架

从风险防控技术方面看,新框架将整合分散于政府各部门以及社会各行业的有效风险数据信息,并从保险视角将社会主体、财产等划分为风险单位,充分利用风险损失大数据建立可疑业务筛查模型,进行风险发生时间、损失大小及影响的监测分析。然后,利用风险情况推演实验室模拟计算各类城市风险的发展趋势、对城市经济社会的潜在威胁,以及全场景、全流程地仿真推演管控方案的落地效果。该推演结果既可以为城市风险地图提供精准预警信息,也可以为保险行业设计合理保险产品以及厘定差异化费率提供科学依据,还能为行政部门提供分级管控方案合理性的预判。

从风险防控主体构成来看,新框架将抬高保险的地位,使之成为协调政府各部门以及联系政府和民众的纽带,使风险防控中的权责划分更明确,并真正实现全民参与。毕竟,当前城市风险防控体系存在责任主体单一,或者属于不同部门及遵循不同规则的问题,防控主体之间也缺乏沟通与整合。社会民众觉得日常风险防控工作是政府相关部门的事,较少具备参与日常维护的自觉性,发生灾害后也容易产生等待政府灾后救济的依赖行为。嵌入保险的新框架是以保险机制为基础,让每个风险单位以及每个城市公民都成为城市风险防控的责任主体,使其按保险合同承担起灾前主动防灾、灾中积极减灾的义务,以提高民众的参与意识。与此同时,以保险为中心协调的新框架有利于社会形成"人人为我、我为人人"的良好社会风气,有利于和谐社会氛围的营造。

从风险防控过程来看,新框架将原来的三步防控改为了五步防控,具体包括:

(1) 承保定价阶段。在大数据全面分析的基础上,保险机构根据不同风险单位面临的不同风险类型及程度,有针对性地设计保障条款,并厘定有奖惩弹性的费率水平,让被保险人通过保障范围了解风险防控过程中应尽的责任、要避免犯的错误以及可努力的方向。

(2) 风险研判阶段。保险机构会依托空间化的"风险地图+"模式,为社会及每个被保险人提供城市风险的可视化展示与跨行业共享应用,以帮助被保险人进行精细化管理以及更早采取更科学合理的风险预防措施。

(3) 防灾减损阶段。保险机构除向被保险人提出防灾减损建议以外,还会在灾中联合社会救援力量及时提供救援与减损服务。

(4) 损失赔偿阶段。保险机构经过快速损失查勘及定损,通过广覆盖的赔偿渠道向受灾对象于第一时间进行损失赔偿,简化和加快受灾后资金支付的进程。

(5) 总结反馈阶段。保险机构根据损失赔偿信息追溯检查被保险人的防灾减损投入及行为,检视其是否充分履行其防灾减损责任,以达到合理公平分担损失的初衷。

新框架的前景

与传统城市风险防控框架相比,嵌入保险的城市风险防控新框架具有多方面优势(图6-3)。

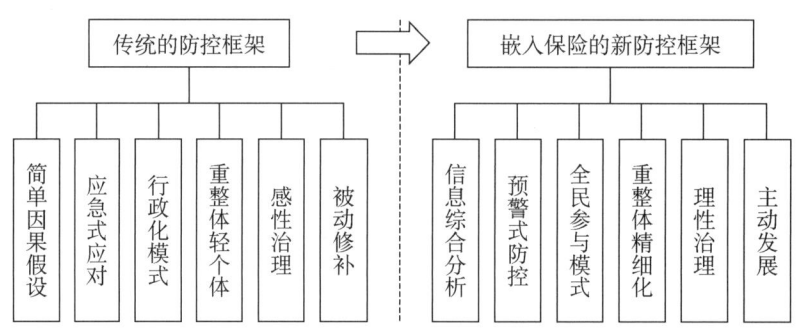

图6-3 从传统防控迈向嵌入保险的新防控

第一,新框架有利于风险分析从"简单因果假设"向"信息综合分析"转变。以往在实践过程中,风险往往被看作不同部门、不同领域和不同管理人员独立处理的事情。这种简单的管理思维现在已无法适应高度复杂和不确定性的现代风险发展趋势。新框架是借助保险科技,结合不同类型的城市风险特点,对关键或重要问题进行大数据挖掘、抓取与分析。它是直接将各个看似不相关的因素统一至一个平台和"一张网"中进行综合分析,有利于从全样本、全要素和全方位把握现代城市风险本质,为城市风险防控提供重要的辅助决策,从而达到有效降低风险损失甚至规避风险发生的效果。

第二,新框架有利于防控行动从"应急式应对"向"预警式防控"转变。以往由于部门分割和信息壁垒,无法对潜在风险进行科学预测或预警,只能在风险爆发后被动应急,使得风险形成的后果特别严重。在新框架中,以保险风险数据库为中心的共享平台,整合了不同部门、不同类别的巨量风险数据,可使风险预测方法由传统数据抽样法、实验法和因果分析法向全样本及相关分析转变,能对潜在风险进行实时、动态监控。这不仅为风险应对争取难得的准备时间,也能实现有效的风险问责以避免风险的"再生产",促使"消极的应急式应对"迈向"积极的预警式防控"。

第三,新框架有利于防控参与方式从"行政化模式"向"全民参与模式"转变。以往的城市风险防控都基于行政命令。这种自上而下的风险防控方式容易与城市实际情况脱节,无法及时全面收集社会风险信息,制约社会力量的参与。在新框架中,以保险产品为依托,城市风险防控将变成每个被保险人的责任。社会组织、风险个体也可通过保险风险防控平台第一时间掌握风险信息,相互监督参与防灾减损,共同分摊灾害损失。可以说,新框架避免了自上而下的"单向度防控"缺陷,增强了民众的参与度与责任感,激活城市风险防控领域的社会活力,也能克服传统防控模式行政化、僵硬化和滞后性等问题。

第四,新框架有利于风险防控效果从"忽视个体"向"精细化"转变。在以往的风险应对经历里,受技术和制度的制约,不同民众的差异化风险需求难以得到满足。民众成为传统风险防控过程中"沉默的一群人",从而造成灾后救助按统一标准发放、忽略了不同民众损失差异的情况。在个体需求日益增加的当前,只有为风险单位提供私人定制服务,才能使之获得精细化和个性化风险应对方案。同时,收集和分析风险单位的个性化风险信息,不仅有利于调动其参与城市风险防控的积极性,也能实现城市风险的精准防控,进而提升城市风险防控水平。

第五,新框架有利于风险决策从"感性治理"向"理性治理"转变。传统风险防控更多依赖感性的经验判断。但是,经验不等于科学,凭经验或直觉处理风险有时反而会形成更大的风险。而且,现代城市风险与传统相比具有很大不同,过去的经验无法简单移植或复制。在新框架中,通过全样本风险数据量化分析形成的"一张网"和"一张图"能帮助政府、保险机构以及其他参与者进行理性风险决策。

第六,新框架自带发展动力,能改变以前只有遇灾才修正的被动局面。新框架使保险从原来的损失赔偿工具内化为激励整个体系良性发展的机制,可使风险防控的资源得到优化,如将大额财政资金从灾害储备资金中解救出来,也可打破信息壁垒,通过绘制风险地图,使风险防控信息得以更高效地传播和使用;还可通过承保条件、保险条款以及费率水平使人们养成主动防灾的好习惯,积极改良防灾设备等,最终协同促进城市风险防控体系的良性发展。

1＋N合作

新框架一改当前"风险分散管理、责任集中承担"的旧风险防控模式,能实现真正的全民参与。那么,全民是如何参与、如何协同的呢?

首先,我们需要弄清"全民"分为哪几类。严格来讲,除城市居民以外,城市风险防控体系的参与主体主要有五个。

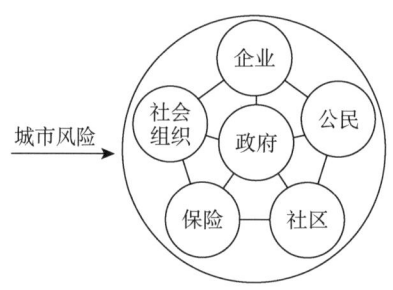

图6-4 新框架中的多元主体

参与主体一:政府。城市风险事件危害到城市的公共安全与社会稳定,因此是政府的必然责任。政府是典型的科层结构,由多层级和多部门共同构成。从行政体制结构上看,政府内部的责任关系可分为纵向关系、横向关系和斜向关系等。从纵向关系看,我国中央和地方的国家机构职权的划分,遵循在中央的统一领导下,充分发挥地方的主动性、积极性的原则。根据《中华人民共和国突发事件应对法》规定的"分级负责、属地管理"原则,在绝大多数区域性的公共突发事件中,地方政府应当承担主要责任,而全域性的突发事件则由中央政府承担主要责任。新冠肺炎疫情从早期的区域性突发事件演变为全域性公共卫生事件,中央政府及时介入,直接领导和协调全国范围内的疫情防控工作。从横向关系看,不同的政府部门在城市风险防控中的责任不尽相同。城市风险防控指挥部(办公室)作为应对城市风险事件的部门,承担着主要风险事件的管理与综合协调工作;卫生健康委员会作为卫生领域的专门部门,对突发公共卫生事件应急管理承担主要责任,其他相关部门则一方面在各自领域做好日常防灾工作,另一方面当发生重大风险事故时,在党和政府的统一领导下,各负其责,参与事故风险防控。从斜向关系看,对于专业性较强的城市风险突发事件的处理,必然涉及中央政府专业部门和突发事件发生地的地方政府之间的关系,如此次疫情早期就由国家卫健委的相关部门及专家赴武汉了解情况,协助地方政府做好防控工作。

参与主体二:保险行业(机构)。作为市场化的风险管理制度安排,保险深植于社会的各个领域、各个环节,基于大数法则经营风险,提供保险保障和风险管理服务,与社会韧性管理具有天然的契合性,可以在提升社会韧性方面发挥自身的独特作用。针对政府层面,保险可通过参与顶层设计将市场调节引入城市风险防控体系,改变以往"大事小事、前事后事政府一股脑儿兜"的不利局面;通过发挥保险的风险转移和保障作用,有效平滑政府财政支出,减小重大突发事件给政府财政带来的巨大压力,助力财政平稳运行;借助保险承保条件、保障范围及费率水平等条件,规范被保险人防控行为,并鼓励被保险人改良防控设备和技术;依托保险自身的网点优势和专业力量,有效缓解和释放政府人员的工作效能;利用自身在综合防灾减灾方面的优势,强化事前风险防范,降低风险发生概率,有效降低社会面对突发公共事件的整体风险暴露,将城市风险带来的损失降到最低。

参与主体三:社会组织。社会组织又被称为第三部门或非营利组织,它是社会分工的表现,也是慈善事业从传统走向现代的组织基础。从职能来看,社会组织往往致力于扶贫、济困、救灾等公共事务领域,与政府有一定的重合。相比政府而言,社会组织的特点在于更强的社会资源动员能力以及更加精准与差异化的服务递送,从而能弥补政府在公共服务供给中的不足。在此次疫情防控中,一方面,充分动员社会力量、调动社会资源的努力在一定程度上缓解了武汉等重点区域物资不足等问题;另一方面,民众对部分枢纽型慈善组织在资源分配以及信息公开等方面却有所质疑。由于社会组织吸取的是社会资源,因此信息公开成为社会组织公信力的重要基础。除此之外,如何提高社会组织在城市风险防控中的专业性和有效性,如何处理好枢纽型组织与一般社会组织的关系,如何处理好政府统一调度与社会组织充分参与之间的关系等议题都值得深入探讨。

参与主体四:企业。在不同类型的城市风险引发事故中,企业的角色是有所差别的。在此次疫情中,大部分企业都会受到影响。例如,在本次疫情中涉及的口罩等防护用品生产企业,与民生密切相关、保障人民基本生活的相关服务企业,以及跨区域运输防疫防控物资的物流企业等。鉴于有些城市风险引发事件的紧急性,对相关物资的需求呈现短时期内的井喷状况,而供给则会受到生产周期以及原料供应等影响,无法在短时间内满足需求。在这种特殊情况下,如果完全由市场机制来决定产品和服务的供应,则必然造成供不应求或者价格飞涨。因此,必须以公共利益最大化为目标,构建公共部门与企业之间的合作机制,在生产商利益不受损的前提下,确保突发事件应对中的物资保障。

参与主体五:社区等基层自治组织。社区是居民自治的组织,也是基层治理的组织基础和创新主体。社区距离民众最近,与民众的接触最多,对本社区的情况也最了解。几乎所有的政策措施都需要通过社区传递给民众,也都需要社区来贯彻落实。在突发事件预防阶段,社区应当成为最重要的组织主体;在突发事件应对阶段,事发地所在社区应当全力配合应急救援力量做好应对,而其他社区则应当配合做好防控工作。在新冠肺炎疫情的防控中,社区在控制人口流动、做好隔离人员基本生活服务等方面发挥了积极的作用。

五类参与主体与城市居民共同构成城市风险防控的多元协同网络。如图6-5所示,保险与多元化群体在城市风险防控体系这个大的平台上互动、交流,每个主体都明晰自己的权责。

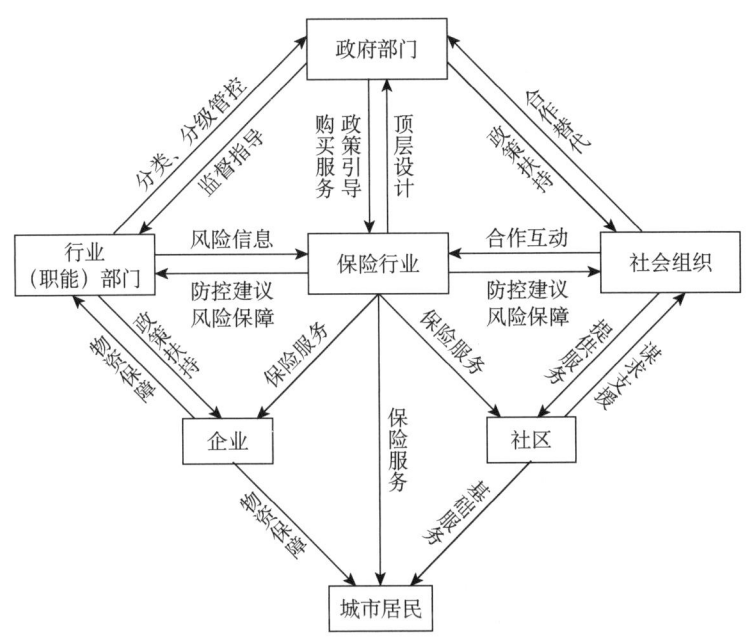

图 6-5　城市风险防控的多元协同网络

保险行业作为该多元协同网络的中心环节,主要起关键的链接和引领作用。在日常防控过程中,通过保险行业的市场化调节,可提高整个城市风险管理的效率,消除各参与主体间的沟通壁垒,形成科学合理的防控体系,督促落实分级防控举措,激励升级风险防控技术,促进城市风险防控体系的自动优化。一旦事故发生,多元主体各司其职,可有效且快速地对事故作出反应,减少事故损失,尽快恢复生产生活秩序。

新框架的培育

新框架搭建并非保险业或保险机构独一方的工作,如前所述,在多元协同防控背景下,需要从政府到民众的全员参与和支持。整合各方资源,加强相应的战略规划和顶层设计,并给予相应的政策激励、资金支持,形成和谐、健康的保险型城市风险防控生态环境。

第一,完善新框架搭建的综合环境。作为城市风险防控主体之一的各级政府和相关主管部门,最主要的工作就是在新框架内帮助各方主体进行有效沟通、资源整合,加强新框架的事中、事后监管,建立良好的市场秩序。同时,政府还可借鉴发达国家和地区的先进经验,结合城市及所在地保险的实际发展情况,及时出台相关的法律法规,加强规划和引导,打造适度宽松的城市风险防控保险发展环境,推动保险型城市风险防控体系的稳定、安全、可持续建设。

第二,加大城市风险防控类保险产品的开发力度。保险行业及保险机构需要根据城市风险的变化,不断开发新的产品以满足需求。比如,可结合大数据等技术开发设计损失敏感型的巨灾保险、零碳保险等产品来满足其他主体日益扩大的保障需求。同时,也可借鉴国内外的非物理损害业务中断保险的成功实施经验,结合所在地城市风险及相应损失的自身特点进行研究与开发,合理转移城市风险造成的非物理损害(如疫情导致的酒店入住率下降等),以降低城市风险带来的盈利降低和现金流波动。此外,政府部门也需要加快法制进程,加大对保险型城市风险防控制度的推行力度,引导城市风险防控通过保险手段,不断提高相应保障范围。

第三,建立城市风险信息数据库与共享平台。城市风险防控体系强调多元协同,信息要素作为其中的重要一环也应做到多元协同跟进。大量风险数据能及时且有效地汇总是进行准确风险推演和研判的前提。由于历史原因,目前在城市各行业及行政部门之间还有一些"信息孤岛",城市风险的相关数据资源共享程度不高,没有统一的计量标准,数据记录粗放。城市风险会危及城市生产生活的方方面面,要及时监测城市风险、摸清城市风险的发展规律及趋势,就需要加快推进城市风险信息数据库及信息资源共享平台建设。本书所提及的城市风险信息数据库是以保险行业数据库为依托,按照保险机构成熟的风险管理信息标准统一在全社会范围内汇总城市风险方面的相关信息。具体可分为城市风险灾害损失数据库、城市风险信用数据库和城市风险金融服务数据库等。通过信息系统空间运算和大数据实时计算等技术,将以上数据库形成风险地图形式的综合信息共享平台,定期向社会公众发布,实现城市范围内的风险可视化展示与应用。如前所述,风险地图的数据信息可跨行业共享和应用。

第四,建立城市风险情景推演实验室。城市风险发展的情景推演与管控方案的动态预评估是优化城市风险防控决策的重要支撑。而由政府、高校及保险机构联合组建的城市风险情景推演实验室,主要是基于城市风险的孕灾环境、致灾因子以及承灾载体的实时和历史数据信息,采用虚拟现实技术和虚拟仿真系统软硬件模拟计算各类城市风险的发展趋势、对城市经济社会的潜在威胁,以及全场景、全流程地仿真推演管控方案的落地效果,以便为城市风险地图提供精准预警信息,为保险行业提供合理制定相关保险产品费率的科学依据,为行政部门提供分级管控方案合理性的预判。同时,实验室通过开展城市风险管控关键技术方面的研究,以及相关应用解决方案的研发,服务参与城市风险防控的多元主体,从而形成完整的企、产、学、研、政生态环境。

第五,保险行业和保险机构作为主要参与者,在保险基层服务网点与综合服务平台在城市风险多元协同防控网络中,具有中心连接作用。对政府层面,保险行业很容易与政府部门一起进行顶层设计和提供有针对性的风险管理咨询和服务。对企业及个人层面,由于风险个体情况差异,有限的保险基层服务网点很难提供精准服务,保险基层服务网点的扩建以及综合服务平台的建设可推进"线下服务+线上服务"的深化,有利于提升城市风险防控体系的工作效率。

保险机构网点是提供线下风险管理及保障服务的重要载体。在地理条件允许的情况,尽可能地增加保险机构的服务网点有助于提高保险服务的可得性。保险机构服务网点的增加不必拘泥于只增加营业部,而可以是多种形式的,如可考虑与其他机构的联合。比如,杭州实现的警保联合,就在未增加保险营业部的情况下,增加了保险服务的网点。

保险综合服务平台是在线上提供精准风险管理咨询及保险服务的媒介。当前有多个PC端、移动端的门户网站、小程序和App等都在提供部分风险管理咨询和投保服务,但由于开发时间不同、技术标准不一、功能定位迥异,造成一定程度的管理粗放和互相封闭。在给社会民众带来方便快捷的同时，客观上也带来了线上服务的不及时、数据信息不联通等现象，割裂了服务的连贯性和完整性，降低了民众的体验感，阻碍线上服务效果。保险综合服务平台的本质就是将风险管理咨询和保险保障服务"一网通办"，构建整体服务平台，真正促进跨部门、跨机构、跨层级数据共享和业务协同，为建设"无障碍"的"数字防控体系"打下坚实基础。

第六，建设保险科技创新培育基地。推进保险业创新发展的人工智能、大数据、云计算、区块链、物联网、虚拟现实、无人机以及基金技术八大核心科技，为数字化保险型城市风险防控体系建设、风险地图绘制提供有力的技术和硬件支撑。为推动相应技术的发展，可由政府牵头建设保险科技创新培育基地，围绕落实保险创新发展战略和服务城市风险防控体系建设目标，根据世界保险科技前沿发展、城市风险防控需求，以"有创新源头、有成果孵化、有资本支持、有转移转化、有社会服务"为特征，开展保险科技的基础前沿研究、保险行业关键技术研发、科技创新成果转化及产业化、保险科技资源共享服务等保险科技创新活动。针对基地中的指定重点科技创新活动，政府还需在适当时机提供政策和财政方面的专项支持。

关键词索引

"新仙女木"事件　026
IRGC 框架　045-051
UBI 车险　063-065,067,069,101
安邦爆雷　078
宝万之争　078
保险＋期货　071
保险内生化　061,069,077,090,091,093
保险型社会　079,080
保险自由　083
机会成本　034,035
巨灾保险制度　015,017,018,043,052,
　　056,064,065
内共生保险　084,085
内生激励　004,005,066-069,078,084,
　　086,094,095,104
农产品品质保险　084
全域保险　079
社区综合保险　042
事后聪明式偏差　025
有限政府　058
知于创新　005,086